逆転合格東大生の受験お悩み相談

西岡壱誠

星海社

332

SEIKAISHA SHINSHO

はじめに

東大生作家の西岡壱誠と申します。僕は偏差値35から東京大学を目指し、2回の浪人を経て逆転合格を果たした人間です。現在は、勉強が苦手だった自分が成績を上げたテクニックや考え方を、書籍や講演会などの形でみなさんにお伝えしています。

僕は仕事柄、さまざまな学校へ講演会に行く機会があります。地方の中学校から呼ばれて人生に関しての話をしたり、都内の高校に行って受験についての話をしたり、大体毎年4万人くらいの人にお話をしています。

その中で一番大変なのが「質疑応答の時間」です。一通り話し終えた後で、「質問ある人、挙手してください」と言うと、結構多くの質問が出てくるんですよね。「すいません、今こういうことで悩んでいて……」と。

そしてこの悩みが結構重めだったり、複雑だったりします。

「受験でこう悩んでいて……」「親との関係がこういう点ですごく難しくて……」などなど、「こんなに悩みがあるのか、学生たちは!?」と驚かされます。

そこで、「なんで学生たちはこんなに悩んでいるんだ?」と考えてみました。教育方法学が専門の、中山芳一IPU・環太平洋大学特命教授に話を聞くと、こんな答えが返ってきました。

「今って、昔と違って評価基準がたくさんあるんですよね。昔は、勉強ができればOKで、成績が高ければ高いほどいいという価値観がありました。大学受験も一般受験がほとんどでした。でも、今は総合型選抜入試の割合も増えてきて、『頭が良ければそれでいい』という時代ではありません。スマートフォンの普及によって、小さい時から多くの情報にアクセスできますしね。現代は、学力はいまひとつだけどコミュニケーション力があるような生徒もしっかり評価できるようになっている時代ですが、逆に、『勉強ができるからってそれでいいわけでもないし……』と悩んでしまう生徒も多いと思います。

また、大人だって悩んでいますよね。親御さんたちも評価基準が多くて大変でしょうし、一人っ子の家庭や核家族世帯も多いため、『上の子はこうだったから下の子はこう育てよう』『親や友達にちょっと相談しようかな』といった周囲からのヒントも得にくいのではないでしょうか。先生だって、教育のゴールが多様化したことで求められるものが変わっています。こんな状況だと、みんな悩んでしまうのも当然かもしれませんね」

なるほど確かに、大学入試のシステムも変わり、通信制高校によるオンライン教育の変化なども見られる現代、悩むのは当然のこととも言えるでしょう。

でも、悩むことは悪いことではないと僕は思います。悩んで迷って、苦しんで、きっとそんな中でゴールに近づけるものなのではないでしょうか。

この本では、受験生や親御さんの「悩み」にたくさん答えました。重いものも軽いものも、受験に直接関係するものもそうでないものも、どれも実際に寄せられたリアルな悩みです。受験という同じゴールに向かっている以上、これを読んでいるみなさんの参考になるものがきっとあるはずです。

それでは『受験お悩み相談』スタートです!

目次

第2章 受験に向けた勉強習慣の作り方　47

第3章 受験勉強の意味と勉強のコツ　89

第4章 後悔しない進路の決め方 109

第1章

受験や人生が不安なあなたに

自分と他人を比べてしまう

Q **無意識のうちに自分と他人を比べてしまいます。そんな自分が嫌いで、なんとかしたい**と常々思っているんですが、どうにもなりません。例えば勉強しているときも、「あいつの方が数学ができるな」と思ってしまったり、テストでも自分の点数より相手の点数の方が気になったりします。どうすればいいですか？

【中学2年生　女子】

A **劣等感って、そんなに悪いものでしょうか。**自分と他人を比べてしまうことや、劣等感を持つことにはマイナスなイメージばかりがあると思うんですが、実はあながち悪いことではないかもしれない、と思います。

自分のことを否定し、自分の現状を悲観的に見るネガティブシンキングが劣等感と呼ばれているわけですが、見方を変えると**劣等感は「自分を変える原動力」になり得ます。**ハングリー精神、というやつですね。

英語では、楽観的な考えを「glass half full」、悲観的な考えを「glass half empty」と言うことがあります。これは、とある心理学の実験に由来する言い回しです。

グラスの中に水を半分入れて被験者に見せ、「グラスの中の水を見て、あなたは『半分も』入っていると思いますか？　それとも『半分しか』入っていないと思いますか？」と質問する、という実験です。

その結果、「半分も入っている」と答えた人は普段から楽観的な人で、「半分しか入っていない」と答えた人は普段から悲観的な人だったそうです。

ある人にとっては半分の水が「いっぱいに入っている（full）」ように見えて、別の人にとっては「入っていない（empty）」ように見えるのです。

さて、ここで1つクイズです。東大生に多い思考は楽観（full）なのか悲観（empty）なのか、どちらでしょうか？

アンケートをしてみると、ちょうど半分半分という結果が出たそうです。楽観的な人ばかりが受験に成功して東大に受かるわけではなく、悲観的な人も同じくらい東大に受かっているのです。

実際、東大生を取材して「東大を目指し始めた理由」を聞くと、かなり多くの学生が「違う分野で挫折《ざせつ》したから、そこから東大を目指した」と答えています。

例えば、「中学高校と6年間陸上部で、ほとんど勉強なんてしたことがなかった。だけど高3の6月、学生最後の大会で怪我《けが》をしてしまって、不完全燃焼に終わった。そこから1年みっちり勉強し、浪人して東大文一に合格できた」とか、「将棋部に入って3年間努力したけど、どうしても勝てない相手がいて準優勝で終わった。そこから、自分が一番になれるものはないだろうかと考え、勉強に対して本気になって、東大文二に合格できた」とか、そんなふうに「何かうまくいかなかった高校時代の出来事がきっかけで、東大を目指した人」はめちゃくちゃ多いです。そして目指す人が多いだけでなく、別の分野で挫折した人は、他の受験生と比べて東大合格する割合も高いです。

それはなぜか。楽観（full）の思考だけだと、どこかのタイミングで向上心が弱くなってしまうことがあります。「結構頑張ってここまで来たし、これくらいでいいかな」と、現状に満足してしまうことも多いのです。つまり楽観的に「こうなれるかもしれない」という思いで受験勉強を始めているから、「ここまでで十分かな」と途中ですぐに満足してしまうのです。

逆に悲観（empty）の思考が強いと、「まだまだここがうまくいっていない」「もう少し頑張らないと」と、自分の弱点と向き合って常に向上しようというモチベーションが強いことが多いのです。

だから、劣等感を持つことは悪いことではありません。**成長のためには、必ず劣等感が必要です。**

こう考えて、自分の劣等感とうまく付き合っていくのも、1つのやり方だと思います。

将来が不安でいつも悩んでしまう

Q **他の人よりも悩んでしまうのが悩み**です。夜布団に入っても、不安が押し寄せてきます。「このままで大学に受かるのかな」「この先自分の人生大丈夫なのかな」などと不安になる日が多く、夜も眠れなくなることがあります。どうすればいいですか？

【高校1年生　女子】

A 漠然とした悩みというのは、とても厄介《やっかい》です。漠然としているからこそ言語化できませんし、言語化し得ない不安だから対処法がない、ということもあります。言ってしまえば、完全には根元を断ち切れない「治療法のない病気」のようなものなんですよね。

そういうときはもう、**「痛み止め」で対応するしかありません。**不安がなくなるまで痛み止めを飲んで、悩みと向き合っていく必要があるわけです。

例えば、何も考えられなくなるくらいスケジュールをギチギチに埋めれば、悩む時間もなくなります。やることを時間ごとに決める、イベントに参加する、友達と勉強する……そういうふうにとにかく予定を手帳いっぱいに書いていき、「悩む時間」を物理的になくしてしまうことです。

これは極論だとしても、自分が悩みがちな時間を見つけて、その時間帯になるべく意識的に予定を入れるだけでも、悩むことはぐっと減ると思います。「自分は夜に悩みがちだな」と感じたら、「じゃあできるだけ、夜に悩まないように友達とゲームする予定を入れよう」とか、そういうふうに考えてみましょう。

また、一人の時間をなるべく減らしてもいいでしょう。鬱陶《うっとう》しいと思うかもしれませんが、友達や家族との予定を入れまくって、一人でいる時間を減らすのです。孤独を感じないように、物理的に自分を縛るのです。

「でも、そんなことしたら疲れちゃうじゃないか」と思う人もいるかもしれませんが、それでいいんです。**悩む時間がないくらい忙しくして、疲れて寝てしまうようにする。これだけで物事は好転します。**

なりたい自分になれない

Q なりたい自分になれません。頑張って勉強しようと思ってもすぐ失敗するし、人に優しくしようと思ってもうまく行かないし、**自分にはなんにもできないんだと絶望する日々**です。どうすればいいのでしょうか。

［高校1年生　男子］

A これは僕もぶち当たった悩みです。自分が思う理想像があっても、その理想通りの自分になれなくてつらい、という経験はどんな人にでもあると思います。

でも、僕はそんなあなたに、あえてこう言いたい。

どうか、自分の思う理想像を、演じてください。

本当に理想の自分になれなくても、人前で演技するだけで構いません。優等生のフリをして、人に優しいフリをしてください。人が見ていないところではそうしなくても構いません。

ところで、『チェンソーマン』や『ルックバック』で有名な藤本タツキ先生の作品に、『ファイアパンチ』という漫画がありますが、読んだことがありますか?

雪が降り続いて世紀末になった過酷な世界で、身体を炎で燃やされた不死身の男が、自分の身体を燃やした男に復讐《ふくしゅう》しようとするうちに、全く意図せずにだんだん周りの人から信仰され、神様になっていくという物語です。

この、ただの男が神様になっていく過程が非常に秀逸なのです。誰かを救ったわけでもなく、むしろ意図せずに多くの人を殺してしまうこともある、性格が聖人君子なわけでもなくほんの少しだけ正義感が強いだけの主人公が、「身体が燃えている」というその見た目で、どんどん神様へと変貌《へんぼう》を遂げ、神様の演技をしているうちに、だんだん本物の神様になっていってしまう。周りの人も、彼は神様ではないと知っている人でさえも、彼の演技を見ているうちに、主人公が神様だとどんどん信じるようになっていく。この過程がテンポよく、かつ読者の予想を裏切る展開で描かれています。

この漫画でキーワードとなるのは、「演技」です。この漫画は単純な復讐劇ではなく、途中から唐突に「映画」の話が登場します。作中最強のキャラクターが、「主人公を題材にした映画を撮《と》る」と語り、読者の予想を大きく無視して主人公に演技をさせ、空気を読まずに映画の話をします。そしてこの映画や演技というものが実は、人が宗教を信じる過程や、人間が生きたるめに意識的・無意識的にやっている行為とリンクしてくる、という構成になっているのです。

『ファイアパンチ』の中で出てくるセリフに、「人は、なりたい自分になってしまう」という言葉があります。演技をしているうちに周囲がその演技を信じ始め、自分もその演技を信じるようになって、演じていた自分が本物になっていってしまう。「たとえ、理想の自分にはなれないと思っても、そういう自分を演じればいい。演じているうちに、そういう自分になっていく」というのが、この漫画の結論でした。

さて、長々と『ファイアパンチ』の話をしてしまいましたが、最初の答えに戻りましょう。

演技をしましょう。人は、演じている自分になってしまうものです。「理想とする自分の像」を作り、「人から見られたい自分」をイメージし、それを演じていくものです。

成功者は成功者としての振る舞いを求められ、必要に応じて演技をしていくうちに、実際に演技していたことを忘れ、演じていた自分になってしまう、それが人間です。子供だって大人になったフリをします。

でも実は、一生懸命演技をしている自分だって自分なんです。本当の自分なんて存在せず、あるのは人間関係の中にある自分だけ。

「本当の自分はこんなじゃない」と思うかもしれませんが、それは間違っています。演じているあなたもまた、あなたなのです。だから、演じ続けましょう。演じ続けていれば、いつか、本当のあなたになれるんじゃないかな。

試験本番が不安で勉強が手につかない

Q 受験の日が近づいているのですが、すごく不安になって、緊張しています。自分は中学受験でも失敗しているので、また同じことになるんじゃないかと思うと、**不安でうまく勉強ができません。**どうすればいいでしょうか。

［高校3年生　女子］

A **いいんじゃないですか、不安で。むしろ、そうやって不安に思っている人の方が、合格に近いと思います。**

受験生と接していて、「不安に思っている」ということ自体を非常にマイナスに捉えていると感じることがよくあります。「自分は今、すごく不安で、不安だからこのままだと不合格になると思っていて……」という相談を何度も受けました。

でも、実は違うんです。受験が不安じゃない人の方が、むしろ不合格になってしまうのです。僕の友達で、東大模試でA判定を出したのに東大に落ちた人がいました。その人に不合格になった理由を聞いたら、「やっぱり油断だね」って言っていました。合格できるな、と思って安心した瞬間に油断して心のどこかでサボってしまい、成長が止まってしまった。だから不合格になっちゃったんだ、というのです。

逆に、恥ずかしながら僕なんかは、2浪で再受験したときが一番緊張しました。「2回ダメだったんだから、このままだったら不合格になる」とずっと焦《あせ》っていて、試験会場に行っても「去年と同じように不合格になるんじゃないか」と不安にかられて、試験会場のトイレでゲロ吐いたぐらいです。でも、その年に僕は合格したんですよ。緊張して、自分の中身がぐちゃぐちゃな状態だったのに、合格できたんです。

結局、「合格できるかできないかわからないな、不安だな」って思っているときが、一番合格しやすいんだと思います。だって、不安なときが一番必死に勉強するじゃないですか。不安だからこそ、その不安を払拭《ふっしょく》するために、頑張れる。

一番ダメなのは、その不安な状態から「降りる」ことです。「受かる」と自信を持ちすぎると落ちちゃうし、「もうダメだから志望校の難易度を下げよう」と判断したとしても、それでもやっぱり落ちちゃう。不安からは逃れられない、逃れることによって救われることは決してないんです。

受験はよく、長い道のりをずっと走り続けるマラソンに例えられますよね。でも僕の感覚では、受験って「マラソン」ではなくて、「フライパンの上」なんです。マラソンだったら景色が変わっていくじゃないですか。「今は22キロ走ったのか、あと半分くらいだなー」みたいに。でも、受験って景色が変わらないことも多いんです。それから、どれくらい勉強すれば合格できるかというゴールはわからないし、どんなに勉強したって結局不合格になるかもしれません。1年で終わってくれるかどうかもわかりません。だから、フライパンの上でじっくり焼かれているようなイメージを持っています。

そして、実はいつでも熱くて苦しいフライパンの上から逃げて、何のプレッシャーもない道に行けてしまいます。志望校を下げたり、指定校推薦に切り替えたりできます。でも、それこそ東大を目指している人なんてのは、最後の最後までずっとフライパンの上にいなければなりません。「受かるかな、落ちるかな」と怖がりながら、ずっとその場にいなければならない、大変な勝負です。でも、フライパンの上に居続けられる、我慢強い人が最後は勝つだろう、とも思うんです。

長々とお話ししましたが、**あなたがまずやるべきは、その不安を肯定することです。**不安でいいんです。緊張していいんです。試験会場でゲロ吐いたっていいんです。不安な自分を肯定し、**不安だからこそ頑張ろうとすることで、あなたは合格できるんじゃないかと思います。**

どんなに勉強しても「まだ足りない」と感じてしまう

Q **どれだけ勉強しても、まだ勉強が足りないいんじゃないかとずっと不安です。**そのため、基礎問題に時間をかけすぎたりと勉強の効率が悪くなってしまいます。どうすればいいか教えてください。

【高校2年生　女子】

A あなたの課題はシンプルです。**勉強の目的設定が不足している**のです。

いきなりですが、人間が一番「つらい」と思う瞬間はいつか知っていますか？

痛い拷問《ごうもん》を受けているときよりも、水を飲ませずに苦しめているときよりも更につらいのは「無駄なことをしているとき」だと言われています。例えば、穴を掘るように命令されて掘った穴を、次は自分で埋めろと命令され、埋めたらまた穴を掘れと言われる、というように無駄なことを繰り返させる拷問があるのですが、これが精神的に最もキツいと言われています。仏教の冥土《めいど》にも「賽《さい》の河原《かわら》」という、石を積むたびに鬼が来て壊されてしまうという苦行がありますが、それと一緒です。

これのつらいところは、どうせ元に戻ってしまうのに、何度も何度も繰り返し同じことをしないといけない点にあります。「意味がない」と思うことをやっているときが一番、人間が精神的に追い詰められてしまうのです。

どうしてこの話をしたかというと、勉強も同じで、目的がないと拷問のように苦しくなってしまうとお伝えしたかったのです。目的もなくただ勉強しているうちはずっと成績は上がりません。大事なのは、「目的」を作ることなのです。

今日やっているその勉強は、どんな分野がどうなることが目的なのか、今一度考えてみてください。

といってもゼロから考えるのは大変ですから、ヒントを出しましょう。大まかに分けると、勉強の目的は4つに分かれます。

- インプットの勉強1：とりあえず結論だけ大雑把《おおざっぱ》に早く理解したい
- インプットの勉強2：しっかりと基礎や途中の議論まで深く理解したい
- アウトプットの勉強1：とりあえず訓練を積んでインプットの理解を助けたい
- アウトプットの勉強2：しっかりと訓練を積んでテストで正解できるようになりたい

このように**「大雑把」なのか「しっかりと」なのか、「インプット」なのか「アウトプット」なのかを意識して、何のために自分がいま勉強しているのかを自覚しましょう。**そして、この勉強の目的を達成したと思ったら、どんどん次に進んでください。目的も定まらないまま同じ勉強をただ繰り返ししてしているうちは成績は上がりませんし、足踏みしている感覚があって不安にもなります。大事なのは、目的を持って勉強に取り組むことです。そうすれば、「まだ足りない」と思うこともなくなっていきます。

学校に行くのがつらい

Q

僕は最近、学校がつらいです。いじめられているわけでもないし、先生から意地悪されているわけでもないんですけど、なんとなく集団生活が合わなくて、どうしても学校に行きたくないと感じるようになってしまいました。**不登校になるのはすごく嫌だと思っているのに、どうしても学校に行けない日が出てきてしまって、どうしようかと思っています。**それでも自分は学校に行かなくてはならないでしょうか。

［中学2年生　男子］

A

学校に行かなくてもいい、逃げてもいいとは思います。でも、逃げても追ってくる、ということは覚えておいてください。

学校に行かないという選択を取ることは悪いことではないと思います。死ぬほどつらいなら逃げるべきだし、あなたが精神的に調子を崩してしまう前に逃げるのは当然の話だと思います。

でもあなたは、いま仮に学校を休むようになっても、いつかは学校に戻りたいと思うことになると思います。学校を休むことに罪悪感を感じているのであれば、きっと将来、どんな形でもいいから「戻りたい」と思うようになるんじゃないでしょうか。

問題は、いざ学校に戻るときに、休んでいる期間が長くなれば長くなるほど、戻りにくくなるということです。逃げてもいいけど、逃げたところで敵が消えてなくなるわけではない、むしろ嫌なことは大きくなって追ってくる。これは非常に恐ろしいことですが、しかし悲しいことに、だいたいの物事ってそうなんですよね。

受験勉強でもそうなんですよ。例えば英語が苦手な人がいたとしましょう。その人は、数学も国語も社会も理科もできるけど、英語に関しては全然やる気が出ません。だったら英語からは逃げて、他の科目を頑張ればいい、って思うじゃないですか。それが悪いことではないんですが、しかし、いつかは英語と向き合わなければなりません。完全に逃げ切れはしないのです。

仮に大学受験では英語を勉強しない方法を見つけて逃げられたとしても、将来海外に行って仕事をすることになるかもしれません。そのときには英語を勉強しなければならないわけですが、やっぱりここでも、逃げ続けてきた分だけ、向き合うのは億劫《おっくう》になります。もっと言えば若いときの方が吸収力も柔軟性も高いわけですから、結局若いときに英語を勉強した方がよかった、と思う可能性だってあるのです。

あるいは最後の最後、人生の最後まで英語から逃げることができる人もいるかもしれませんが、それはそれで窮屈《きゅうくつ》な人生になってしまうでしょう。死ぬ直前で「ああ、俺は英語と向き合わない人生だったなぁ」と、後悔が残ってしまうかもしれません。

繰り返しになりますが、**嫌なことから逃げてもいいけど、逃げるとさらに大きくなって後から追ってきて、向き合うのはもっと大変になってしまいます。**

そのことを理解した上で、それでも今は逃げなければいけないほどつらいなら逃げるのも一案だと思います。

自分は人より頭が悪いと感じてしまう

Q 自分は頭が悪いです。同級生より成績も悪くて、理解力もなくて、体力もありません。はっきり言って他の人よりも能力が劣っているように感じて、すごく恥ずかしい気持ちになります。**どうすればこのネガティブな気持ちとうまく付き合っていけるでしょうか。**

［中学2年生　男子］

A 気持ちはすごくわかります。頑張っているはずなのに結果が出なかったり、勉強しているのに成績が下がったりすると、「ああ、自分には才能はないんだな」という気分になりますよね。

でも、「頭の良さ」って何なんでしょうか？

どんな能力があれば「頭が良い」と言えるのでしょうか？

結論から言うと、**「頭が良い」とは何かを定義するのは非常に難しいです。逆に、少し苦手なことがあったとして、それだけで「頭が悪い」と言い切ってしまうのはもったいないです。**

僕が東大を受験するときに気付いたことが1つありました。それは、東大受験には本当にたくさんの能力が必要になるということです。理解力も集中力も、計算力も数学的思考力も、論理的思考力も語彙《ごい》力も暗記力も、すべてが必要です。加えて期限通りに物事を終わらせるタスク管理能力も必要だし、プリントを整理する掃除能力も必要だし、スケジュールを管理する能力も必要です。そのすべてが「頭の良さ」の一部分であり、東大受験ではそのすべてが求められます。おそらく、「頭が良い」という状態を分解したら、1000個くらいの能力になるんだろうと思います。

そして、そのすべてを生まれたときから持っている人は、果たして存在するのでしょうか。

確かに君は、他の人と比べて劣っているのかもしれません。でもそれは、この100

００個の能力のうち、他の人は１００個持っているのに、君は50個しか持っていないとか、その程度の相対的な話なんじゃないかな。東大生だって、せいぜい持っていても２００個とかです。君も他の人も、東大生であっても、残りは頑張ってなんとかしなきゃならないのは変わらない。

それに、君の持っている能力の１個が、すごいお宝だってこともある。理解力も集中力も計算力もないけど、実は勉強してみたら他の人より読解力があったとか、論理的思考は他の人より優れていたとか、そんなことがあるかもしれない。朝起きて学校に行くのだって立派な才能だし、明るくてへこたれないのだって才能です。人間には才能の差があるし、能力の違いがあります。でも、**全部の才能を持っている人なんていないし、逆にまるっきり何にも才能がない人間もいないんです。**

まずは何か1科目でいいから、頑張ってみてはいかがでしょうか。1つでも才能が開花すれば、自信がつくはずだから。

受験で失敗したくない

Q

大学受験で失敗したくありません。不合格になんて絶対なりたくないし、行ける大学に行ければいいと思っています。**リスクのない大学受験をするためには、どんなふうに勉強して、どんな大学を目指せばいいのでしょうか。**

［高校1年生　女子］

A

失敗が怖くて嫌だという気持ちはわかります。まあ、みんな失敗はしたくないし、だからこそ頑張るんだと思うので、その感覚は間違っていません。

でも、「失敗のない成功」って、そもそも挑戦じゃないんですよね。

例えば、80点を取れたら成功だと考えている人がいたとします。その人にとって79点は失敗でしょう。でも、70点を取れたら成功だと考える人からすると、その結果はどう映るでしょう。その人にとって79点は成功ですよね。

目標を低く設定すれば、誰でも成功できます。そして、どんな目標を立ててもいい以上、成功も失敗も、自分だけの基準でしかありません。そういう意味では成功は自分の気分ひとつで決められますし、これが正解だと思ったらそれが正解になっていきます。受験はゲームと違って、どこをゴールにしてもいいし、何がゲームクリアなのかを自分で決めていいわけです。

でも、失敗になる確率が極端に低いゲームって、あんまり楽しくないですよね。0点だろうが100点だろうがOKというやさしいゲームがあったとして、そんなゲームには張り合いがないんですよ。失敗の可能性がない挑戦なんて、やっても意味がない。

でも、実際には多くの人は失敗の可能性の低い賭けにベットしようとします。しかしそれではリターンは得られないんですよね。ギャンブルは、リスクがないとリターンも少ないんです。

大学受験だって同じです。そりゃ、倍率の高い大学を目指したら失敗するかもしれませんよ。でも、だから何だっていうんですか？

挑戦的な受験生が、高偏差値の学校を第一志望にして不合格になったとしましょう。でもその人は第一志望に向けて頑張った結果、第二志望には合格できるかもしれません。そして合格した第二志望は、確かに第一志望より偏差値が低いけれど、でも最初からリスクなく合格できる大学よりも、ずっといい志望校であることだって当然あるのです。

失敗の可能性の低い賭けをするのはおすすめしません。失敗するかもしれないし成功するかもしれない受験だからこそ、燃えるし、頑張れるし、成長できるんじゃないでしょうか。

失敗したときのことを考えると物事が手につかない

Q 何をしようにも、**「やってうまくいかなかったらどうしよう」という心配が先立って、うまく頑張れません。**勉強も部活も、「こんなに頑張っているのにうまくいかなかったらどうしようか」と失敗したときを想像して努力にブレーキがかかり、何もかも中途半端になってしまいます。どうすればいいでしょうか。

【中学3年生　男子】

A 難しい悩みですね。

この悩み、学生だけではなく多くの大人も抱えていると思います。大人になればなるほど、リスクとリターンを考えて、リミッターの効いた努力しかできなくなってきてしまうからです。

結局、人間みんないくつになっても「失敗したらどうしよう」という気持ちと向き合いながら生きていくんでしょう。それでも前に進むためには、**「後悔しないようにしよう」と思うのが一番**だと思います。

「やらずに後悔するより、やって後悔した方がいい」、という言葉について僕はよく思いを馳《は》せます。「まあ、とりあえずやってみようよ」という言説だと解釈していますが、この言葉は正しくもあり、間違ってもいますよね。

頑張っているんだったら、労力と時間を使っているんだったら、「こんなにやったのに、やっぱりダメだった。こんなに頑張らなきゃよかった」って気持ちになることだって絶対にあります。その思いが「やらずに後悔する気持ち」よりも大きくなることだってないとは言えません。

でも、本気で頑張ったなら、結果的にダメだったとしてもあまり後悔はしないものです。その過程で得られるものがありますし、大成功はできなくても中くらいの成功はできたりするからです。東大を目指して勉強して、東大は不合格だったとしても第二志望の大学には行けるかもしれません。英検で2級を取ろうと頑張って落ちたとしても、その失敗を活かして次の英検では合格できるかもしれません。部活で優勝できなくても、その過程で培《つちか》った体力は勉強に活かせるかもしれません。

結局、何にも得られるものがない挑戦の方が少ないんですよね。もっと言えば、人間って割と強い生き物で、だいたいのことに「こっちを選んでよかったんだ」と思うものです。どこに旅行に行こうかと迷ってAの行き先を選んで、多少サービスが悪かったとしても「まあよかったかな」って気分になります。「きっとBよりもAの方が良かったに違いない。あんないいこともあったし」と考えられるようになります。**どんな道を選んでも、人間にはその道を正解にできる能力がある**のだと思います。

逆に、中途半端が一番後悔するんですよ。だったら何もしない方がいい。やると決めたなら最後までやることが大事だ、というアドバイスをあなたに送ります。最後までやりきったら、きっと何か待っているものがあるはずです。

テスト当日にどうしても不安になる

Q **テスト当日、緊張や不安に襲われてしまう**のですが、どう対処すればいいでしょうか。模試の判定はいい感じなのですが、試験本番で極度に緊張してしまうタイプなので不安が募ってしまいます。**試験本番で万全の実力を発揮するためにはどうすればいいのでしょう。**

［高校3年生　男子］

A 僕の友達がやっていた緊張軽減法をお教えしましょう。
それは**『ルパン三世VS名探偵コナン』を見る**、というものです。
『ルパン三世VS名探偵コナン』はタイトルの通り、有名な怪盗ルパン三世と名探偵コナンが登場するアニメ作品です。最初に断っておきますが、もちろんこのアニメが特別勉強になるわけでも、試験のヒントになるわけではありません。それなのに、なぜこのアニメを見ていたのか？　それは「とにかくスケールが大きいから」です。

その友達は、成績はとても良かったのですが、あなたと同じく非常に緊張しがちな性格で、「本番で失敗したらどうしよう」と考えてしまい、試験直前を不安に過ごしていました。きっと質問者さんも同じような状況ですよね。それを見かねた塾の先生のアドバイスが、『ルパン三世VS名探偵コナン』を見ろ、だったのだそうです。「**あのアニメはすごくスケールが大きくて、見ると今悩んでいることが小さく感じられるようになる。**だから正月にでもあれを見て、一度マインドをリセットするようにしなさい」という真意ですね。その言葉通りに正月に『ルパン三世VS名探偵コナン』を見て緊張をほぐし、東大に合格しました。

どんなやり方だよ、と思いますが、面白いですよね。もちろん寝る間を惜しんで勉強しなければならない受験生全員におすすめできるやり方ではありません。しかし、不安で仕方がないという人にとってはいい方法かもしれません。質問者さんにもいいんじゃないでしょうか。

何も『ルパン三世VS名探偵コナン』ではなくても、『キングスマン』や『007』などの大スケールのスパイ映画もいいかもしれません。英語で見ればリスニングの勉強にもなりますからね。

ちなみに僕は、西尾維新の作品『恋物語』のアニメ版のラストシーンの、貝木というキャラクターがボロボロになりながらも言葉を紡ぐシーンをずっと見ていた記憶があります。このシーンは、かいつまんで説明すると「あれが駄目ならこれで行こう、みたいな適当なことを、人間は全然してもいい。かけがえのない、代わりのないものなんかない。人間なんだからいくらでもやり直せる」ということを、フラれて落ち込んでいる女の子に語る場面です。

このシーンを見て、自分は不合格になったって得られるものがあるはずだし、合格できなかったとしてもまた別の人生が待っているはずで、だからこそ、本気でぶつかって、当たって砕けろの精神で頑張ろう！　と思えたのでした。

アニメや小説など、物語の力に救われることだってあります。みなさんぜひ、参考にしてみてください。

第2章

受験に向けた勉強習慣の作り方

勉強に集中しないといけないのに、気づけばスマホやゲームをやってしまう

Q 小さいときからずっと、**勉強をしようと思ってもなかなか集中できず、気がつくとスマホをいじったりゲームをしたりしてしまいます。**

高校1年生になって、そろそろやばいと思っているのですが、なかなか勉強するときにやる気が出ません。どうすればいいでしょうか？

［高校1年生　女子］

A シンプルで、かつ有効な方法をお伝えします。

勉強机の上をしっかりと綺麗にしましょう。

机の上が整頓《せいとん》され、必要な勉強道具だけが置いてある人は、勉強する環境が整ってい

るので、勉強のやる気が湧《わ》いてきます。逆に、勉強のやる気がなかなか出ない人は、勉強する環境が整っていないのかもしれません。周りに漫画が置いてあるとか、机の引き出しにゲームが入っているとか、特に勉強アプリを使うわけでもないのにスマホが机の上に置いてあるとか、そんなふうに「物理的に近い距離」に勉強を阻害《そがい》する要因があると、なかなか集中力が持続しないものです。

どうですか、当てはまっているポイントはありませんか？

人間は、環境によって左右される生き物です。砂漠の猛暑の中で読書しようと思っても集中できませんよね？

騒音がめちゃくちゃひどい中では眠れないですよね？

同じように、**勉強には勉強に適した環境があります。**その環境を整えることから始めないと、勉強のやる気が湧いてくることはありません。まずは整理整頓を試してみましょう。

どうしても部屋が汚くなってしまうのであれば、自習室に行きましょう。学校の自習室でも、塾の自習スペースでも、図書館でもいいです。最近はサブスクリプションで、毎月お金を払えば使える自習室もあるので、そういうものを親御さんに頼んでもいいと思います。勉強場所をいろいろと探す中で、自分も勉強の特性が見えてくることもあります。

あと、「これをやれば一発でうまくいく」という方法もあります。それは**「勉強する友達を作ること」**です。一緒に勉強する友達を作って、一緒に問題を出し合ったり、問題を解いてその解答を見せ合いっこしたりするんです。

人は、1人では生きていけません。自分だけの力でできることなんてたかが知れています。重要なのは、自分一人ではなく、周りの環境をいかに整えるか、です。

計画通りに勉強できない

Q **スケジュールを立てて勉強しようと意気込んでも、なかなか計画通りにできません。**やらなければならないことはわかっているんですが、どうしても予定通りに進まなくて苦しんでいます。どうすればスケジュール通りに計画を実行できるようになるのでしょうか。

【中学3年生　女子】

A 高い目標を持って頑張っている人であればあるほど、計画通りに物事が進むことは稀《まれ》だと思います。頑張りたいと思うからこそ、計画のレベルが高くなり、実力が追いつかずに失敗してしまうこともあるでしょう。

そんな場合におすすめしたいのが、**「何%まで達成すれば計画通りなのか」を考**

えることです。

計画通りに物事が進むのが一番であり、100%計画通りに実行できることが理想的です。でも、100%計画通りにいくことは難しいです。むしろ毎日が100%なのであれば、それは余裕があるということなので、もっと負荷をかけるべきだという話になります。

逆説的ですが、100%計画通りなのは良くないことなのです。もっと高い水準に自分の計画を持っていかなければならないということでもあるのです。であればむしろ、毎日が「80%」くらい計画通りに実行できていて、もう少しやらなければならないことが残っていた、というのが一番理想的だと言えるのです。

にもかかわらず、自分にプレッシャーをかけ過ぎてしまうと、100%でないことに対してネガティブな感情を抱いて、「もうダメだ」と感じてしまうこともあるわけです。本当は、80%くらいの方が理想的かもしれないのに。

ですから、**70%や80%を「計画通り」だと捉える思考をしてみましょう。**もちろん50%になってしまったときに「これではいけない」と考える思考は重要です。そこはプレッシャーをかけてもいいと思うのですが、70〜80％で「計画通りではない」と捉えてしまうのは良くないことだと思います。70〜80％の自分でも許容するようにしましょう。それこそが、計画通りに物事を進めていく秘訣《ひけつ》です。

やりたくない勉強を後回しにしてしまう

Q 宿題の締切がどうしても守れなくて参っています。やりたい科目の勉強は結構できるんですが、**やりたくない勉強だとてんでダメで、どうしても後回しにしてしまい、結果締切を守れない**ということが多いです。こんな自分はどうすればいいでしょうか。

［高校1年生　男子］

A 人間、やりたくないことは後回しにしがちです。やりたくない科目は後回しになるし、大人だって作りたくない書類は「明日やろう」とズルズル締切を延ばしてしまうものです。

それに踏ん切りをつけて「やるぞ」と実行するためにおすすめなのが、**「やりたくな**

いことをやるタイム」を作ることです。つまり、「嫌なことをやる時間」をあらかじめ決めておいて、自分の気持ちにかかわらずルーティン化するのです。

例えば僕は、夜8時になったらタイマーが鳴るように設定し、どんなにやりたくなくても必ず机に向かって勉強するようにしていました。同じように、「毎週火曜夜7時は苦手な英語をやる」とか「日曜の午後3時になったら数学の宿題をやる」とか、そういうふうに「嫌なことをやる時間」を自分の中で設定して、それを守るように仕組み化するのです。このように、「この条件ではこう行動する」という決まりを作って何度か実行していると、自然と身体が動くようになっていきます。これは「条件づけ」と言って、動物に備わっている基本的な能力だと言われています。

僕の友達には、勉強前に必ずアラームを鳴らしていたという人がいました。音で自分のプライベートと、勉強や仕事の時間を切り分けるようにしているわけです。こうすることによって、最初の踏ん切りがつきやすくなります。

そう考えると、学校のチャイムってすごく大きな意味があったんだなあ、と感じますよね。ぜひ、時間と音で、やりたくないことと向き合う習慣を作ってみてください。

学校のノリが苦手

Q 自分のクラスの担任は、「受験は団体戦だ」と言って、クラスの集会とか勉強会を積極的にやってきます。そういうノリがすごく苦手です。**一人で受験勉強したいし、周りと足並みを揃えるのは嫌**なんですけど、どう思いますか。

［高校2年生　男子］

A 「受験は団体戦」って言葉、僕も嫌いでした。そんなことを言っている先生を見ると「綺麗事を言ってんじゃねえよ、ふざけんなよ」と、反抗的な気分になっていたような気がします。同じクラスや学校だとしても、人それぞれ志望校も学力も違う集団で「団体戦だ」と言われても、綺麗事だなと感じちゃいますよね。

でも、2浪して、この言葉に対する見方は明確に変わりました。**「受験は団体戦」という言葉の意味がわかる瞬間があったのです。**

例えば東大を目指していると、いろんな人と出会うんです。一緒に東大を目指した友達もいるし、席が隣になったからという理由で仲良くなった人もいました。そういう仲間がいてくれたから、僕が頑張れた部分って明確にあるんですよね。浪人して予備校に行くと、出席も欠席もあまり取らなかったりします。少なくとも僕の場合はそうでした。だからサボっても全然バレない。だからどんどん人がいなくなる。

でもそんなクラスの中で、「西岡、昨日来なかったな」って一言声をかけてくれる人がいると、「ああ、行かなきゃな」って気になるんですよね。そして、そういう友達の中で、最後まで東大を一緒に目指したやつは、悲しいことに少なかった。現役で落ちたからやめるとか、2浪はできないから1浪で諦《あきら》めるとか、そんな友達の方が多かった。で、そんなやつらは、無責任にもこう言ってきやがるんですよ。

「俺の分まで頑張ってくれ」

そう言われるともう、頑張らなかったら嘘だなって思うんですよね。ああ、ここで僕が頑張らなかったらダメだよな、って気分にさせられるんです。僕は、そう言って渡されたバトンが多かったから最後まで頑張れたんだろう、と今でも思っています。

人間は結局、一人では生きていけません。そういう意味で、「受験は団体戦」ってのは、間違いではない面もあるんだろうと思います。

もちろん**みんながみんな同じ方向を向くのは難しいけれど、でも騙《だま》されたと思って、友達を作ってみてください。**何かが変わるかもしれないですよ。

勉強よりゲームをしている方が楽しい

Q

都内の中高一貫校に通っていて、偏差値は60くらいです。成績は校内で「中の下」くらいです。受験勉強をしていい大学に入ることで自分の人生が安泰になる、ということはわかっているのですが、それでも**勉強より今ゲームで遊んでいる方が楽しい**です。部活動に入ってもおらず、授業が終わったら家に帰ってゲーム三昧《ざんまい》です。このままではいけないのはわかっているのですが、最低限の宿題を終わらせたら家でスマホゲームをしてしまいます。一人っ子で自分の部屋があるのがいけないのか、自室に戻るとやっぱりゲームをしてしまうんです。好きな教科も嫌いな教科もありません。行きたい大学も別にありませんし、やりたい職業もありません。強《し》いて言えばゲームが好きですが、それも娯楽の域を出ません。

こんな自分が、勉強のやる気を持つためにはどうすればいいでしょうか。

［高校1年生　男子］

A 東大を目指しましょう。 東大を目指して勉強しようと思えば、「自然と勉強しなきゃ」「もっと頑張らなきゃ」という気分になります。

「何を言っているんだ」と思うかもしれませんが、別に変なことを言っているわけではありません。野球部に入ったらとりあえず甲子園を目指しますよね。陸上部だったらインターハイを目指しますよね。実力はどうあれ、とりあえず目標は一番テッペンだと思います。

勉強だったら東大です。目指す大学がないのであれば、無条件で東大でいいんです。僕は伊達《だて》や酔狂《すいきょう》で「東大を目指しましょう」と言っているのではありません。質問者さんは、東大に行ける可能性を秘めています。質問者さんは自分がとても普通の人間であるかのように語っています。ゲームが好きで、高校も普通で、帰宅部で、成績も普通だ、と。

でも1つだけ、普通じゃないところがあります。それは、こうやって僕に質問してきていることです。

「このままではいけないのはわかっている」と言っていますが、今が幸せな人は、なかなかそういう発想はできません。「別にこのままでいいや」と考えて、ただダラダラと毎日を過ごす人の方が多いです。

「今の自分のままではいたくない」と思える人って、少ないです。そう思って行動を起こしている時点で、実は他の人にはなかなかできない、すごいことをしている、すごい人なんじゃないかと思います。

ですから、僕は質問者さんにはポテンシャルがあると思います。

このままの自分ではいたくないと思って、今から本気で東大を目指せば、きっと道は開けると思います。最初は「自分には無理なんじゃないか」と思いながらでも大丈夫です。とりあえず目指してみて、見様見真似でいいから頑張ってみてください。

人間、机に座るまでは長くても、一度机に座ってみたら、その後は続けられるようになるものです。

まずは騙されたと思って、東大を目指してみましょう。大丈夫です、もしダメだったら、僕のせいにしていいですから。

Q

勉強の息抜きって、どんなことがいいんでしょうか？　休み時間には東大生はどんなことをしているんでしょうか？

［高校1年生　男子］

A

「息抜きするな」

「息抜き」に関して相談されたとき、いつも言っていることがあります。

息抜きせず、休まず勉強する。それでもダメなら睡眠する——そういう考え方でいた方がいい、と。

他の東大生に話を聞いても、「休憩《きゅうけい》かあ。あんまりとってなかったな。あ、友達と食事とかはしてたけど」ってくらいの回答しか返ってきません。頭がいい人って、あんまり休憩らしい休憩を取っていないんですよね。

「そんなの無理だよ、大変だよ」と思う人もいるでしょうが、しかし「完全な休みの時間を極力作らない」というのは、受験においては鉄則なんです。

勉強を1時間程度やったら休憩の時間が欲しいと考える人は多いと思いますし、それは間違っていないのですが、しかしその休憩で完全にスイッチが切れてしまうと、もう一度集中力のスイッチを入れ直すのが大変です。「10分の休憩時間のつもりがつい20分、30分になってしまった」、みたいな事態になってしまうことも多いです。

そうならないためにおすすめなのが、「簡単なもの、好きなものを勉強する」という方法です。本当に「そんな簡単なものでいいの?」と思ってしまうものでいいです。

例えば、「とりあえず参考書をペラペラめくってみようかな」「ちょっと受験系のYouTube動画でも見ようかな」という程度で構いません。学習系の漫画をちょっとだけ読んでみる、というのでもOKです。特に歴史や古文などの科目は、勉強になる漫画がたくさんあります。

このように、ほんの少しでいいから勉強をするのです。こういう軽めの勉強のことを「息抜き勉強」と呼ぶのですが、息抜き勉強にはいろんな種類のものがあります。

【「息抜き勉強」の例】

- 資料集をペラペラめくる
- 先に進めるのをやめて、今まで書いた自分のノートを見直してみる
- 純粋に、好きな科目の勉強をする
- アプリで暗記の問題を解いたり、計算の問題を解いたりする
- 勉強の計画を立てる
- 学習漫画を読んでみる・歴史小説や歴史系の動画を見てみる

他にも、趣味と絡《から》めた勉強もあります。英語で映画を見てみたり、英語字幕と日本語を見比べてみるというのもいいでしょう。僕は英語の歌詞を日本語に訳したり、同じ楽曲の日本語版の歌詞と英語版の歌詞を見比べてみたりしていました。

もちろん、これだけで成績が上がるわけではありません。3時間「息抜き勉強」をするよりも、30分間「本気の勉強」をした方が身になることでしょう。でも、この「息抜き勉強」を息抜きとして利用すれば、スイッチが切れることなく、ずっと勉強を続けることができるため、集中力が持続しやすいのです。**息抜きをするなら、ぜひ息抜き勉強をやってみましょう。**

やる気にムラがある

Q 勉強のモチベーションが上がらないときって、どうしていましたか？ **自分は波が激しいタイプで、全然やる気がでない日もあれば、超やる気の日もあって、勉強の時間にムラがあります。**どうすればいいのでしょう。

【中学3年生　男子】

A 勉強のモチベーションが上がらないときは誰にでもあるものです。ただ、受験勉強においては、「やる気がないからできません」で済ませてはいけないのも確かです。

受験において、**いちばん成績が伸びるタイプは、瞬間風速ではなく平均風速**

が高い人です。つまり、1週間の内1日だけ10時間頑張って後は休むのではなく、毎日1時間ずつ勉強するタイプの方が、成績が上がりやすい。なぜならば、勉強とは「知らないこと、できないことを自分のものにしていく作業」だからです。

知らないことを知ったり、できないことをできるようにするためには、どうしても一回見聞きしただけではいけません。何回も反復して記憶しなおしたり、実際に自分の手を動かしてみたり、発音してみたり、思考実験をしてみたり、いろいろな形でアプローチを繰り返す必要があります。そして、これを記憶として体にしみこませるためには、質ではなく量で覚えるやり方が有効です。

例えば、知らない英単語を覚えるときに、1単語に1分ずつかけて、50単語を合計50分で覚えるのと、1単語に5秒ずつかける250秒（約4分）のセットを10回繰り返すのでは、どちらの方が記憶に定着しやすいでしょうか。この場合、後者の方が記憶に残る確率は高くなります。人間は忘れる生き物なので、忘れないように一度の記憶体験を分厚くするよりも、何度も繰り返して見返して、忘れた個所を再度補強するような暗記方法の方が、結果として効果が上がるのです。

これは英単語の暗記だけではなく、あらゆることについて言えます。数式の使い方、歴史上の重要事件、元素周期表の順番、どれもそうです。これらを一度だけ手厚く練習、暗記してマスターするのは不可能です。何度も繰り返すことで徐々に体にしみこませていく方がいいのです。となれば、ある1日だけ10時間集中して勉強することに、さほど意味がないことがおわかりいただけるでしょう。それより、毎日毎日ちょっとずつ復習した方が、ずっと効果は高くなるのです。

だからこそ、勉強は毎日続ける必要があるのです。途切れさせないことこそが重要です。

となれば、そもそも「やる気がある日に勉強をする」という前提がおかしいことがわかります。そうではなく、「どうしても動けない日だけは勉強を休んでよい」のです。「勉強をする日」が異常なのではなくて、「勉強しない日」が異常なんです。そう考えると、勉強のトリガーをモチベーションに依存していることの危うさがおわかりいただけるでしょうか。

あなたがすべきなのは、**勉強をやる気ではなく、ルールでやるようにする**ことです。

「朝起きたら単語帳を開く」「授業が終わったら自習室に行く」など、とりあえず勉強のやりはじめをルールにして、モチベーションに関係なく始められるようにするのです。

そうすることで、あなたの生活の中に勉強が入り込んでいきます。勉強している自分が自然になります。そうすれば、モチベーションに頼らずとも、自分のやるべきことをこなせるようになるでしょう。

部活と勉強のバランス

Q 部活動をやっていますが、やめようか迷っています。高校2年生に上がって部活も忙しくなり、毎日1時間くらいしか勉強の時間が取れません。一方で帰宅部の人は毎日たくさん勉強できていいなと思います。**部活は好きなのですが、将来のことを考えると、大学受験の勉強をした方がいいんじゃないか**という気分になってしまいます。部活をやめるべきかどうか、西岡先生の考えを教えてください。

［高校2年生　女子］

A 別に、部活動をやっていて勉強時間が少ないからといって、そこまで大きなディスアドバンテージにはならないと思います。高校3年生の夏までずっと部活動をしながら合格した人間というのはザラにいます。

というか、もし勉強時間で勝負が全て決まるなら、現役生より勉強時間が多い浪人生はみんな合格しているはずですよね。でも浪人生が合格しやすいかというと、現役生とほぼ同じくらいの合格率です。**ただ長く勉強したとしても、別に成績は上がらない**のです。

逆に、いま部活動をやめて勉強に専念したとして、多分、そんなに勉強できませんよ。時間があったらきちんとできるのではないか、というのは幻想です。多くの場合、そうやって部活をやめた人間は成績が伸び悩みます。「さあ、今まで自由時間は1時間しかなかったけど6時間も時間ができたぞ。6時間勉強を頑張ろう」ってなりませんよ。絶対に「まあ2時間くらいはサボってもいいか」と考えて、2時間だけ遊ぼうと思ったのに5時間もゲームしてしまって、結局部活動をやっていた頃と同じくらいしか勉強できない、なんてこともよくあります。

ですから、部活動をやめずに勉強を頑張った方がいいと思いますよ。それだと不安だという気持ちもわかりますが、「1時間あたりの勉強効率を上げる」という方法で頑張ってみたらいいんじゃないですかね。1時間で全ての勉強を終わらせるためには何をすればいいか、自分で必死に考えてみるんです。時間がある人はそんなことはしませんし、できません。1時間の重みがわからないからです。

有名な現代文講師の林修先生が言っていたことなのですが、忙しい人の1時間と忙しくない人の1時間は、同じ時間でも流れ方が違います。1時間が貴重な人にとっての1時間は長く、貴重ではない人の1時間というのはすごく短いです。時間がありあまっているからこそ1時間を大切にしようという意識が薄い人もいますし、逆に時間がない人はそこで「この1時間をどう大切に過ごすかが大切だ。せっかくの1時間なんだから大切に使わないと」という気になるのです。

帰宅部の人は、たくさん時間がある分、「この1時間を有効活用しないと」という意識は忙しい部活勢よりも少ないです。逆にあなたは、**部活動で頑張っているからこそ、1時間がいかに貴重な時間なのかを知っている**人です。その重大な1時間をうまく使うのは、時間のないみなさんだからこそできることです。

ぜひ、1時間の一番いい使い方を考えてみましょう。

学校を休んで家で勉強してもいいか

Q 周りがみんな総合型選抜とか指定校推薦で受験していて、なんとなく学校に行きにくいです。自分は一般受験なのですが、学校は受験ムードではなく、正直先生も授業にそんなに力を入れていません。このまま**学校に行って気分が落ち込むよりも、学校を休んで家で勉強していたい**です。休んでもいいものでしょうか。

［高校3年生　男子］

A 「受験期に学校を休んで家で勉強してもいいですか?」ってことですね。この質問、毎年受けます。

気持ちはわかるし、クラスが受験ムードじゃないのはつらいと思いますが、不思議なもので、だからといって学校を休んで時間ができたとしても、その時間を有効活用できる受験生は少ないんですよね。

「溜まっていたあの模試の復習をしよう」「〇〇大学の過去問を解こう」と思っても、なんとなくやる気になれなくて、「せっかく休んだんだし、もう2時間くらい寝るか。最近寝不足だったし」なんて、**適当な理由をつけてサボってしまう人が圧倒的に多い**です。

実際、僕も高校生のときに学校を休んで勉強しようと思って頑張ったのですが、やっぱり全然うまくいきませんでした。「ちょっと時間ができたんだから、休んでもいいかな」みたいな気分になっちゃったんです。そして、一度休むと、休み癖がついてしまいます。学校を休んでしまうことが増えて、勉強のサイクルが崩れ、最終的にはやっぱりうまくいかないんですよね。

それでも休むというのであれば、学校に行くのと同じ時間に起きて、いつも登校するのと同じ時間に家を出て自習室や図書館に行くことで、学校と同じ生活スタイルを崩さず勉強する、というやり方もあるのかもしれません。しかし現実にはだらけてしまい、それができない人がほとんどでしょう。

結局のところ、**「朝一定の時間に起きて、学校に行って、どんな形であれ勉強をする」というサイクルが崩れてしまうと、何事もうまくいかない**のです。学校の授業内容が合わなかったとしても、学校を休んで生活リズムが崩れてしまうよりもマシなんです。

授業中の内職の是非

Q 学校の授業の中に、クオリティが低い授業があります。正直、それらの授業では先生たちのやる気もなくて、内容も簡単なことばかりでつまらないです。

クオリティが低くつまらない授業では、内職していいものでしょうか。

［高校2年生　男子］

A 気持ちはわかります。あなたの言う通り、授業のクオリティが低いというのはよくある話です。学校によって、先生によって、授業のクオリティは変わります。学校の先生は否定するかもしれませんが、それは当たり前のことです。だって、もし仮にどんな先生でも同じクオリティの授業ができるのなら、その学校の倍率が高かったり低かったりすることもないんです。同じ教科書や参考書を使っていても、授業のクオリティは学校によって、また先生によって変わります。だから学校ごとの人気に差があるわけです。あなたの直感は合っていると思います。

それでも、**その授業で内職すれば成績が上がるかどうかについては、別の問題**だろうと思うんですよね。

ぶっちゃけた話、僕は学校の授業がマジでダメで、授業を「あとでやります」と全部録音して授業中は自習して、学校のテストはスルーして、行事もサボって勉強したりしながら高校生活を送っていました。部活もやめました。それで短期的には成績が上がったんですが、結局現役では東大に落ちたんです。

で、受かった人間を見ていたら、「学校の授業をちゃんと受けて、部活も頑張って、行事も頑張って」っていう人が合格していたんですよね。

それを見ていて思ったのは、「自分がわかっていないだけで、あの時間の中には、切り捨てたものの中には、なにか意味があったんじゃないか」ということでした。自分が不合格になったのは、あのとき「切り捨てた」からなんじゃないかな、と。

どんなに意味がないように見える授業でも、意味はあります。家庭科が化学の成績を上げることもあれば、音楽が歴史の成績を上げてくれることもあります。体育の時間は無駄だと思っていても、身体を動かすことは実は勉強においていい影響を与えてくれることが多いと科学的に証明されています。

君は馬鹿にするかもしれませんし、僕も昔は馬鹿にしていたんですが、割と高校のカリキュラムって考えられているんですよね。国語と英語と数学と理科と社会がいいバランスで入っていて、受験と直結しないそれ以外の科目もうまい具合に配置されていたりします。生徒自身でカリキュラムを作れる学校もあったりしますけど、その学校に通うと二極化が激しいそうで、カリキュラムを自分で選んで頭がどんどん良くなる子とそうでない子がはっきり分かれるそうです。

自由に勉強したい気持ちも、受験と関係ない科目は切り捨てたい気持ちもわかります。でも結局、過去にその方法でうまくいった人が少ないのもまた事実です。それでも切り捨てたいなら止めませんが、それでうまく行く確率はどれくらいなんでしょうね？

少なくとも僕はその賭けに負けて2浪した人間なので、おすすめはできません。

おすすめの勉強場所

Q おすすめの勉強場所はありますか？

部屋で勉強しようにも、自分は一人部屋がなく、兄弟と一緒に使っているので、弟が遊んでいると気が散ってしまいます。外に出て勉強することも考えたのですが、学校は遅くまではやっておらず、図書館も遠いです。どうすればいいでしょうか？

【中学2年生　男子】

A 昔、僕の友達に、「どこでも勉強できない人」がいました。その子は家で勉強していたんですが、成績が低迷し、「やっぱり自室だと誘惑が多くて勉強できない」と言って自習室で勉強するようになりました。しかし今度は「自習室だと静かすぎて勉強できない」と言ってカフェで勉強するようになりました。が、今度は「うるさくて勉強ができない」と言い出しました。彼は結局、どこで勉強していても環境に対して文句を言う人だったのだと思います。**「ここなら完璧だ」という場所はどこにもないのです。**

全く逆に、実は人間は、「多少悪い環境の方が頑張れる場合がある」という話があります。例えば、適温の部屋で勉強するのと、ちょっと暑い部屋で勉強するのとでは、どっちが集中できると思いますか？

多くの人は「適温」と考えると思いますが、実は適温だと眠くなってしまって集中力が持続しないのです。逆に、多少暑い方が集中できることが多いのです。理由としては、眠くもならないし、「暑くて集中しきれないからこそ頑張らないと」という意識が働いて、集中力が上がるのではないかと言われています。

質問者さんは、きっと「弟と一緒の部屋」や「遅くまでやっていない学校」や「遠い図書館」が「完璧な環境ではないから」という理由で勉強ができないと考えているのだと思います。

しかしどこまでいっても「完璧な環境」なんて存在しないのではないかと思います。

逆に言えば、完璧すぎるとうまくいかないものです。多少マイナス要因のある環境であっても、それをプラスに捉えることはできます。

弟がいるから勉強できないとは言いますが、リビングで勉強する東大生は結構います。多少うるさくても、周りに人がいる方がサボらずに勉強できるから、と彼らは言います。

そういう発想もあるんじゃないかと思います。また例えば、タイミングを兄弟で合わせてみたらどうでしょうか？　そうすれば、気が散ることもありませんよね。

気持ちの持ちよう次第で、自分の環境は変えられます。ぜひ自分の意識から変えてみてください。

塾に行きたいけど家にお金がない

Q 塾に行きたいとは思っているんですが、大学受験にかかるお金を考えると、親に無理を言えません。 かといって自分の学校はバイト禁止です。親は優しいんですが、片親で、母親がずっとパートをしてお金を稼いでいる状態です。「塾に行きたい」と言っていいんでしょうか。

［高校1年生　女子］

A この質問については、塾に行かずに東大に合格した友達の布施川天馬さんに聞いてみました。ここからは布施川さんの回答になります。

どうして塾に行きたいのか、まずその理由を考えてみましょう。

塾とは、勉強を教えてくれる場所ではありません。あなたの受験スケジュールを組んでくれる場所です。つまり、ペースメーカーです。実は、勉強する内容は教科書や参考書に十分すぎるほど書いてあります。

つまり、「塾に通っていなかったから大学に落ちた」というのは、落ちた人の言い訳に過ぎません。**「塾に通えば合格できる」というのは幻想です。** もちろん、塾にしかない情報はありますが、それらは一部の超高偏差値の人だけが活用できるものです。

私もお金に苦労しながら東京大学を受験しました。結果から言えばその年の受験には落ちてしまったのですが、惜しいところまでは自習だけでなんとかたどり着けました。もともと私は進研模試で偏差値50後半～60程度でしたが、参考書とスタディサプリのサービスによる自習だけで、偏差値を70以上まで上げられました。

偏差値70から先の戦いが厳しくなるのは、これ以上の内容を扱っている参考書が極端に減るからです。大体の参考書は成績中位層向けに書かれており、そのレベルを逸脱してしまうと、ターゲットから外れてしまいます。人数の限られた東大受験生だけに向けて本を書いても売れないから、仕方ありません。逆を言えば、そのクラスまでであれば、十分に参考書だけでもたどり着くことが可能です。

例えば、数学であれば黄チャートもしくは青チャートを一通り解けば、数学の偏差値は65~70台に乗ります。英語であれば、『英単語ターゲット1900』『Next Stage』などの標準レベルの単語帳、文法書をマスターすれば、ある程度の英語力が身につきます。ここから英文精読に入って、『ポレポレ英文読解』や『英文読解の透視図』などを解けるようになれば、英語の偏差値も65を超えてくるでしょう。社会や理科にしたって、今ならスタディサプリなど一通りの内容を映像授業でマスターできます。自習の上限は、あなたが思っているよりも深いところにあります。

そして、そこまでたどり着いてしまえば、今度は塾側から頭を下げてやってきます。入塾テストで一定以上の実力を示せば、きっと特待生待遇での入塾が許可されるでしょう。そこまでくればこちらのものです。あなたは念願の塾に、しかも一切の経済的負担なく通うことができます。

お金がないのであれば、そこで悩んでも仕方がない。ただ、頭がいいならお金を出していいという人がこの世にはいるんです。**人に認められるレベルまで自己研鑽《けんさん》し、**

そこからお金が必要な世界に飛び込んでみることがいいのではないでしょうか。

体調管理の秘訣

Q 受験期の体調管理で気をつけた方がいいことはありますか？ 今年受験で、風邪やインフルエンザには十分気をつけているのですが、何か他にも気をつけた方がいいことがあれば教えていただければと思います。 ［高校3年生　女子］

A 1つおすすめしたいのが、**「お風呂に入る時間を固定すること」**です。布団に入る時間や食事のタイミングは曜日によって変化があってもいいのですが、お風呂に入る時間は、毎日ずっと固定しておいた方がいい。食事前の19時に入るのが日課なら19時に、毎日20時に入るなら20時に、などと時間を決めておき、それをずらさないようにするべきです。これで受験期の生活リズムを守れます。

「なんで？」と思うかもしれませんが、実はこれ、東大生100人程度にアンケートをした結果、見えてきた事実の1つなんです。東大に合格する家庭ではお風呂の時間は決まっている場合が多いんです。その理由は、お風呂に入ってリフレッシュする時間を固定化することで、1日の生活リズムが整うからです。最近は「風呂キャンセル界隈」なんて言葉が登場したりと、お風呂の時間を軽視する人もいますが、入浴って実はすごく大事です。なぜなら入浴の時間は、生活のルーティンを作っているから。身体を清めて、入眠をうながすという点で、入浴はすごく有効な手段なのです。逆にお風呂に入る時間がバラバラだと、そのまま睡眠の時間もバラバラになって、身体が休めなくなってしまうことがあるのです。

入浴の時間をしっかり決めておいて、受験生が身体を休ませるペースを作れるようにすることで、安定して勉強を続けられるわけですね。

風呂や食事に限らず、「今までやっていなかったことをする」というのは、受験における負けパターンの1つだと言われています。今まで愛用していた使い慣れた参考書ではなく新しい参考書に手を出したり、ずっと夜お風呂に入っていたのに試験当日だけ朝にお風呂に入ったり、慣れない食べ物を当日のお昼に食べたりすると、それまでのルーティンが壊れてしまって、生活リズムが狂ってうまくいかないのです。

ぜひ「いつも通り」を心がけてください。

ちなみにみなさんの参考になればと、東大生のルーティンをいくつか聞いてきました。取り入れられそうなものがあれば、ぜひ実践してみてください！

【東大生のルーティンの例】

- 決まった音楽（モーツァルトなど）を聞く
- 決まったお菓子を食べる（いつもと同じことをする）
- 決まった時間にアラームを鳴らす
- 試験会場のトイレで鏡を見て自分の姿を確認する（自分の姿を客観視する効果がある）
- 試験会場で試験監督を観察し、その人の人生を想像する（自分のことではなく、他人のことを想像し、気分を落ち着かせる）

第3章

受験勉強の意味と勉強のコツ

大学受験の意味

Q 大学に行く意味が全くわかりません。 受験勉強して大学に行っても、別にそんなに年収も変わらないじゃないですか。大学なんて行かなくても良くないですか？

【高校1年生　男子】

A 大学に行く目的に関して、語るべきことはたくさんありますが、１つだけお伝えすると、**「大学に行くと平均寿命が延びる」**からです。

最近読んだ論文で「マジか!?」と驚いたものがありました。「Education and health」という論文で、「人間は、教育年数（教育を受けた年数）が長ければ長いほど、平均寿命が延びる」というのです。ＧＤＰ、つまり経済的な豊かさと平均寿命の相関はそこまで強くないにもかかわらず、教育年数と平均寿命はかなり密接につながっていることがわかったんです。すごく大雑把に言ってしまえば、中卒よりも高卒の方が寿命が長くなり、高卒よりも大学に行っている人の方が寿命が長くなるわけです。すごい話ですよね。

さて、突然ですが「1次元アリと3次元アリ」という話をご存じですか？

アリにはいろんな種類がいますが、その多くは「一次元アリ」と呼ばれる、前か後ろにしか動けず、1本の線の上をずっと歩くアリなのだそうです。しかしその線の上に石が置かれたら、前に進めません。そこが1次元アリの限界となります。

しかし、その中で「前後だけではなくて左右から回り込んで前に進めばいいのではないか」と考えるアリが出てくると、石を避けて横に移動するアリが出てきます。これが「2次元アリ」になります。

そしてさらに進んで、今度は左右に無限に広がる大きな壁が現れると、2次元アリも困ります。2次元アリではどう考えても前に進まないわけです。2次元アリの世界の終わりはここになってしまいます。

しかしまた、「壁を上に登ったらいいのではないか」と挑戦する「3次元アリ」が出てきます。このアリが出てくれれば、前後左右の世界しかなかったアリに「壁を上に登る」という道が現れます。

この話は、我々人間にも応用できるんじゃないかと思います。つまり、1つの道だけで完結している人は1次元アリと同じで、「この道が終わったらもうおしまいだ」と考えてしまうわけです。でも、壁や困難があっても、「この壁って、上に登ってもいいんじゃないか?」と考えられるような人、考えるための方法を知っている人であれば、その壁を越えてあたらしい世界に到達できるようになっていきます。

そして、教育年数が長ければ長いほど、我々はいろいろな世界の勉強をすることになります。さまざまな研究が一挙になされていて、「こんな世界もあるんだ」「あんなこともできるんだ」ということがわかる場所というのが大学という機関だと思います。大学に行った方が壁を越えられる可能性が高まるわけですね。だから平均寿命も延びるのではないか、と。そういう気持ちで大学に行ってもいいんじゃないでしょうか。

文系が数学を勉強する意味がわからない

Q 数学の勉強、意味なくないですか？　将来文系に行く気でもあるので、正直マジでやりたくないんですけど、どう思います？

【中学3年生　女子】

A 数学の話をする前に、小学校の算数の話をさせてください。

算数で角度の問題を解いたことってありますよね。「三角形ABCで角Aの角度が40度、角Bの角度が60度だから、合計したら100度。三角形の3つの角の和は180度だから、残りの角Cの角度は80度だ」みたいな問題。

僕も昔、「なんでこんなことやんなきゃいけないんだ」とすごく嫌な気持ちで勉強していたんですけど、**勉強を教える側になってみると、「これは算数以外の訓練にも**

なっているな」と考えさせられることが多いんですよ。
例えばいまの角度の問題って、思考をしっかりと整理しないと解けないんです。

・情報1　角A＝40度
・情報2　角B＝60度
・情報3（情報1＋情報2）　角A＋角B＝100度
・情報4　角Aと角Bと角Cは三角形の3つの角なので、合計すると180度になる
・情報5（情報3＋情報4）　角C＝80度

という思考回路で「角C＝80度」となります。既存の情報を組み合わせて新しい情報を作っていくという過程を積み重ねることで角度を求めるのが算数の問題だったわけです。これは小学校の問題ですが、割と複雑なことをやっていると思いませんか？

そしてこの「既存の情報を組み合わせて新しい情報を作り、それを繰り返す」というのは、数学以外のどんな思考でも共通する基礎です。

- 情報1　花子は大学1年生である
- 情報2　日本の高校卒業は18歳であり、多くの人がそのまま大学に行く
- 情報3（情報1＋情報2）　花子は18歳である可能性が高い
- 情報4　日本では20歳でお酒が飲めるようになる
- 情報5（情報3＋情報4）　花子はお酒がまだ飲めない可能性が高い

「花子は大学1年生」という情報から、「ということは、花子はまだお酒飲めないんだね」と推測できるのです。これ、やっていることは先ほどの算数の問題と同じですよね。

つまり、**算数や数学を勉強しておかないと、基本的な思考力がない「察しが悪い人」になってしまうかもしれない**のです。角度を求める問題を解くのは、角度を求めるためだけにやっているのではなく、「思考訓練の一環」だとも言えるわけです。

正直に言うと、数学ができる人と数学ができない人で、頭の回転の速さに差があると僕は考えています。文系の問題を解いているときですら、数学の問題が絡んできます。

こう考えると、ちょっと数学を勉強する気が湧いてきませんか。

機械翻訳があるのに英語を勉強する意味とは

Q 自動翻訳機やスマホがあるのだから、英語の勉強なんていらないのではないかと考えています。あまり良くない考えなのはわかるのですが、この考えを持ってからあまり英語の勉強に身が入りません。どうすればいいでしょう。

［中学3年生　女子］

A 大前提、間違っていないと思いますよ。現代において、**なんで英語の勉強をしなきゃいけないんだ、と疑問に思うのはとても正しい**思考です。

例えば、チャットGPTの発展で翻訳の精度はめちゃくちゃ上がっていると言われていますよね。2030年になったらきっと、今よりもっと精度のいい翻訳機が販売されているはずです。日本語を聞いて、さまざまな生成AIがそれを英語に翻訳し、その中から一番良いものを一瞬で出力してくれる機械、なんてものさえあるかもしれません。これさえあれば英語を覚えていなくても誰とでも会話ができます。何なら今でも、英語のメールを打つときは日本語をチャットGPTに入れてしまえば英語を出力してくれるので、それを手直しすればかなり精度の高い英文が作れます。0から英文を作るより何倍も楽に、何倍も素晴らしい英文が作れてしまいます。

だから「外国人と会話するため」という理由だけであれば、英語を勉強する意味はあんまりありません。

でも、残念ながら日本人って、割と英語を使いながら生きているんですよね。例えば、パーティーに行くとき「フォーマルな格好で来てください」って言われませんか？　フォーマルってどんな格好なのかと聞かれて答えられますか？

「フォーマル（formal）」の元をたどると、「フォーム（form）」という単語に行き着きます。「フォーム」は「形」という意味で、もっと言うと「外から見たときにどんな色・どんな大きさになっているのか」というような意味です。ですから「フォーマルな格好」

とは、「形に合った、形式ばった格好」という意味になります。この言葉を正しく理解するには、英語を念頭に置いておかないといけませんよね。

他にも、普段我々が使っている日本語の中にはさまざまな英語が含まれています。ステータスとかポスト、シートとかポーズなど、いくらでも例が挙げられます。

昔から、日本語は外来語を「カタカナ」という新しい文字に落とし込んできました。わざわざ外来語のための文字があるくらい、たくさんの外来語があるわけです。こんなに自国語の中で英語を使っている言語は日本語以外にはないとも言われます。

英語の勉強は、外国人と交流するためにやるんじゃないんです。日本語を理解するためにやるんです。英語の勉強をしておかないと、日本語も疎《おろそ》かになって、日本人とのコミュニケーションだってうまくいかなくなるから、英語の勉強をするわけです。そう考えたら、ちょっとやる気になってきませんか？

AIの進化で勉強は無駄になるか

Q **スマホやチャットGPTなど新しい技術が進歩している現代、勉強しても将来無駄になるんじゃないか**と思います。これらの新技術についてどう考えているか、我々はどんなふうに向き合っていくべきなのかについて教えてください。
【中学3年生 男子】

A 科学技術の進歩はすさまじく、どんなものが開発されるか全くわからない世界になりつつあります。

例えば「ボタンを押したら好きな商品が届く」というのは100年前のSFで描かれていた未来ですが、今やアマゾンなどの通販は当たり前になりました。さすがに芸術や文学の分野は代替できないだろうと言われていましたが、チャットGPTは絵も描いてくれるし物語も書いてくれます。

でも、「チャットGPTなどが当たり前になって、AIがなんでも教えてくれる世界」というのを、人類は未だに体験していません。時代が変わる「ど真ん中」で、みなさんは今、大人になろうとしています。

そして、AIと向き合い続けていると、「答え」を「教えてもらう」のが当たり前になっていきます。でも、**所詮スマホやチャットGPTが教えてくれるのは、「答えらしきもの」であって、「答え」ではない**んですよね。自分で考えていないから、どうしてその結論になったのかわからないんです。

「自分は文系と理系、どっちを選ぶべき?」と聞いて、AIが「理系がいいよ」とレコメンドしてくれたとしても、なぜ自分は理系がいいと言われたのか、理系を（あるいは文系を）選ぶことでどんなメリットとデメリットがあるのか、他の道は本当にないのかといった、結論以外のことはわからないわけです。そして推論の仕組みがわからなければ、進んだ先で結局、「本当にこの道でよかったのか?」「もっと別の道があったんじゃないのか？」と悩んでしまうわけです。

自分で悩んだ上でＡＩと同じ結論を出して「やっぱりこっちだな」と思うのと、悩まずに与えられた選択肢を選ぶのとでは、大きな差があります。

もっと言えば、スマホやＡＩは、「自分で考えて答えを出す」ために活用するべきです。「文系と理系、どっちを選ぶべきだろう。文系の職業ってどんなものがあるかな？理系を選んで困る場合ってどんなパターンがあるだろう？」と自分で考えてください。判断材料を検索する道具はいくらでもあるわけです。出てきた答えらしきものをそのまま鵜呑《うの》みにしてしまうのはよくないのです。

これからの時代に求められるのは、「自分の道を選ぶための力」だと思います。そして、そのためには目の前にある**スマホやチャットGPTを「使って」答えを出そうという意識を持つ**ようにしてもらえればと思います。それこそがＡＩとの適切な距離感なのではないでしょうか。

いつから過去問を解きはじめるか

Q **過去問って、どの時期からやればいいでしょうか？** まだまだぜんぜん実力が身についていない状態で過去問を解いても意味がないと思いつつ、解いておかなかったらそれはそれで不安です。どのくらいの時期から解けばいいのでしょう？

A 本格的に過去問演習に入るタイミングは高3の8月くらいからでいいとして、**過去問を「見ておく・ちょっと解く」ということだけは、早めにやっておく方がいいんじゃないかな**と思います。灘とか開成とかの超進学校は過去問をやるのが本当に早くて、中3ぐらいから解きます。それでもちろん解き切れる人は少ないわけですが、とにかく触れるのが早いというのがポイントです。

多くの人は、何かを習得したいと思ったとき、まずは一通りのことを最初から最後まで机の上で勉強して身につけていくと思います。水泳で言うなら、「こういう泳ぎ方があるのか」「こんなふうに手と足を動かせば泳げるようになるんだな」と頭で理解する、というように。

しかし、みなさんはそれで本当に泳げるようになるでしょうか？

おそらくですが、ロジックとして「どう泳げばいいか」を理解していても、本当に泳げるようにはなりませんよね。陸の上で泳ぎの練習をしているうちは、泳げるようにはならないのです。

実は、泳げるようになるためには、まず水の中に飛び込んで、溺《おぼ》れそうになりながらも犬かきでいいから前に進んでいく方が、泳ぎをマスターするスピードは速いのです。一度水に入っておけば、泳ぎ方のレッスンや身体の動かし方の説明を受けても「あのときはこうすればよかったのか」と、より深く話がわかるようになります。最終的にどういう状態になりたいかというゴールがわかっているから、普段の練習の質も必ず高くなります。

同じように、人前で話せるようになるためにはコミュニケーションの本を読む前に一度、人前で話をした方が成功しやすいですし、スポーツだって練習だけを繰り返すのではなく、実際に試合で戦ってみて得られることも多いはずです。

これと同じことが、試験でも言えるのです。

みなさんがもし、試験の過去問を解かずに英語の勉強を始めたとします。そうすると、「どんな問題を解けるようになればいいのか」というゴールを知らない状態で英語の勉強をすることになりますよね。それって、的外れな勉強になってしまいがちだと思いませんか？

英単語の勉強を例に取りましょう。「英単語を覚える」というシンプルな勉強でも、試験を知っているかどうかによって勉強の仕方は大きく変わってきます。

みなさんは英単語を勉強するとき、意味だけではなくスペルも一緒に覚えますか？　一緒に覚えるのが当たり前だと思っている人もいるかもしれませんが、試験によっては英語のスペルは出題されないから、覚える必要がないことだってあります。この場合、一生懸命スペルを覚えたところで、あまり意味がありません。

類義語や対義語は覚えますか？　覚えないという人もいるかもしれませんが、試験によっては「この単語と同じ意味の言葉を答えなさい」という問題が出題されやすいものもあります。この場合は、類義語も意識的に覚えた方がいいですよね。

もっと言えば、品詞を覚えて勉強していますか？　ある単語が名詞なのか動詞なのか、形容詞なのか、動詞と名詞の2つの用法があるならそれぞれどんな意味か、理解していますか？　おそらく大半の人は覚えていないですよね。大概の場合はそれでいいのですが、試験によってはこの部分を問われることもあります。「これは動詞なのか名詞なのか答えなさい」とか「これは名詞ですが、この名詞の動詞形を答えなさい」という問題が出る試験の対策なら、品詞まで勉強しなくてはいけません。

入試問題の難しいところは、受ける試験によって傾向が非常に多様なことです。英単語の1つ取っても、こんなに勉強のポイントが違うのです。

過去問で何が出題されるかを分析しておかないと、意味のない勉強になってしまう。だから過去問には早めに挑戦しておきましょう。

英単語が覚えられない

Q **英単語を全然覚えられなくて困っています。**今は英単語帳を1日1ページ、20単語程度勉強していますが、なんだかうまくいきません。すぐに忘れてしまいます。いい方法はないでしょうか?

【高校1年生　男子】

A 暗記の仕方を根本から変えましょう。1日20単語、3日で60単語、というようにしっかりじっくり暗記しようとしても、何の意味もありません。どうせ3日目には最初の10単語は忘れてしまっているからです。人間は忘れる生き物なので、どんなに頑張っても全ての記憶を定着させることができないのです。であれば、暗記ものを入念に集中して勉強することには何の意味もありません。

おすすめなのは、1000単語を一気に、1時間でペラペラめくってみるという行為を、100回繰り返すことです。単語1つを見る時間は、だいたい2~3秒でいいです。慣れてきたら1秒でもいいくらいです。とにかく、忘れてもいいので単語を一度脳に焼き付けるのです。できれば1日2回程度・1時間1000単語を繰り返していきます。

2~3秒の記憶なので、覚えられているか最初は不安だと思います。でも、それで大丈夫なのです。しっかりやったとしても、どうせそんなに覚えられません。それよりも、短時間でパッと見ることを何度も繰り返した方が圧倒的に効率がいいのです。こうすることで、とにかく1000個の単語に何度も触れることができるようになります。触れ続ければ、だんだん覚えられるようになっていくのです。

覚えて、忘れて、覚えて、忘れて、というサイクルを何度も繰り返すことによってしか人間の記憶は定着しないので、1時間1000語の反復練習を何度も繰り返していくことこそが、一番手っ取り早い暗記術だと言えます。

重要なのは、焦らないことです。英単語が覚えられなくて焦る気持ちはわかりますし、覚えていないと「どうしてこんなにダメなんだ」と自分を責めたくなるのもわかります。

しかしそれでも、あまり焦ってはいけません。覚えるための過程を一歩一歩進んでいるんだ、と自分を納得させてください。

第4章

後悔しない進路の決め方

やりたいことが見つからない

Q **自分には、やりたいことや夢がありません。**高校に入ったら何かしようかと思ったのですが、結局部活動もやめてしまいました。中途半端な自分が嫌で、変わりたいとは思うのですが、なかなか変われません。どうすればいいでしょうか。

［高校1年生　女子］

A 何かがしたい、という学生は多いですよね。でも、具体的には何もできないまま、時間だけが過ぎていくということはよくあります。

質問者さんがどんな人なのかはわかりませんが、1つだけわかっていることがあります。それは、**今のままではきっと後悔する**ということです。

「高校時代に後悔していることがあるか・心残りがあるか」という質問に「はい」と答えた人の割合は9割を超えていたというデータがあります。みんな、高校時代にこんなことをやっておけばよかったと後悔しながら大人になっているのです。きっとこのままだと、質問者さんも後悔すると思います。

ちょっと思考実験をしてみましょう。例えば、あなたが高校3年生になって、高校卒業を迎えたとします。そのとき、今のままの高校生活を送ったあなたはこう思うでしょう。「うーん、もっと別の高校生活があったんじゃないかな」「もっと頑張ったらよかった」と。

そのとき、なんと神様が空から現れました。神様はこう言います。

「お前の人生を、高校1年生からやり直させてあげよう。ただし、1つだけ条件がある。やり直した、という記憶は残らない。その代わり、ちょっとだけ勇気をあげよう」

実はあなたは、そうやって今戻ってきたのです。忘れているかもしれませんが、あなたはもう高校3年間を悔いがある形で終えて。その未練を持って人生をやり直しているんです。

と、考えたらどうでしょうか。ちょっとだけでも、勇気が湧いてきませんか？

「過去は戻らないからこそ、悔いが残らないように、今を生きる」というこの考え方を、「カルペ・ディエム」と言います。僕はこの言葉が好きで、自分の起業した会社の名前にも付けたくらいです。僕はこの言葉を唱えると、ちょっとずつ、やる気が出てくるような気がするんです。この言葉を胸に、まずは何か、何でもいいから、やってみてください。勉強は割とおすすめです。今日から、今からできますからね。そうやって頑張っていれば、きっと何かに打ち込む勇気が出るんじゃないかと思います。

将来の方針が親と合わない

Q 私は今、親とあんまりうまくいってなくて、受験校を決める際に揉めそうな気配があります。私が行きたい学校が家から遠くて、一人暮らしを余儀なくされると思うのですが、そうすると親は文句を言ってくると思います。母親とそういう議論をすると体力を使うのですが、**親とあまり衝突したくないので、もう親が言うような学校でいいかな、とも思ってしまいます。**どうすればいいでしょう。

［高校2年生　女子］

A 僕の答えはとてもシンプルです。**今、喧嘩《けんか》してください。**喧嘩になるのがわかっていたとしても、とにかく一回衝突するべきです。

多くの人が、「喧嘩」とか「衝突」を悪いものだと捉えていると思います。できれば平穏無事に日々を過ごして、喧嘩や衝突を避けたいですよね。

でも、実際は衝突って、そこまで悪いことではないんですよ。むしろ、生きていて何の小競り合いもない方が間違っています。人間なんですから、親子であっても違いはあるし、お互いに文句もいっぱいあるはずです。受験校の選定なんて、お互いの価値観の違いが一番はっきり表れるものです。どの家庭でもスルッと決まることはないですし、逆にスルッと決まっている家庭は、直前になって「やっぱりこっちがいい」と意見が変わったり、全てが終わった後で本当に大喧嘩になってしまったりします。逆に、早い段階から衝突や喧嘩をしている家庭の方が、本番のときにはお互いにもう納得していて、しっかり応援してもらえることもあります。

断言しますけど、今のタイミングで衝突がなかったとしても、後々絶対に衝突しますよ。出願のタイミングで喧嘩してしまうかもしれませんし、受験が終わった後で「やっぱりこっちの大学の方がよかった」という思いが強くなって喧嘩して、大学を中退して再受験する、なんてことになるかもしれません。受験以外であっても、例えば結婚や介護などのタイミングで衝突して、「受験のときにも私はお母さんの言う通りにやったのに」「なんで今更そんなこと言うの」と喧嘩になるかもしれません。そっちの方が、きっと面倒臭いですよ。

一回も喧嘩したことがないカップルよりも、毎日ちょっとした喧嘩を繰り返しているカップルの方が長続きするものです。親御さんと今後とも良い関係を続けたいというのであれば、喧嘩した方がいいんじゃないかなと思います。

それに、案外衝突もいいものですよ。

例えば、こんな話があります。10人に性格診断を受けた後で、2チームに分かれてサバイバルゲームをしてもらいました。チーム決めのとき、性格の診断結果を見て、「同じタイプの人」を5人集めてAチームを、「違うタイプの人」を5人集めてBチームを作りました。各チームのメンバーが事前に30分の作戦会議で戦略を作った後、どちらのチームが勝つのかという実験です。

まず、30分の作戦会議のときにAチームとBチームで大きな違いが出ました。Aチームはみんな同じ意見で「それいいね、そうしよう」と議論するようなこともなく10分であっさりと戦略ができました。対してBチームはなかなか戦略がまとまらず、「いや、もっとこうすべきだ」と時間ギリギリまで作戦会議が白熱したのです。

そして肝心の勝負はというと、一瞬でした。一瞬でBチームが勝利したのです。

一見すると、Bチームの方は最後まで揉めていたのでいい戦略なんて思い付きそうにないですよね。Aチームの方がスムーズに決まっているから問題がなさそうな印象を受けます。でも、現実にはAチームの方は全く議論がなかったからアイデアが深まることがなく、うまくいかなかったというわけです。

ここからわかるのは、**衝突がないことの方が危険だということです。衝突して喧嘩して、議論し続けることはとても重要なのだ**と思います。頑張ってください。

東大への挑戦を周囲に反対される

Q 自分は東京大学を目指す高校3年生ですが、模試の判定はずっとCです。**自分は東京に出ることに憧れがあり、第一志望の大学に合格したら東京で一人暮らしをしたいと思っています。**そのつもりで高校2年生のときはずっと勉強してきました。でも、自分の父方の叔父さんが、「東京に出るのはやめておいた方がいいんじゃないか、同じ国公立なら地元の名古屋大学でいいじゃないか」と言ってきて困っています。素直に「東京に出たいからそれは無理」と言うのはちょっと憚《はばか》られるし、だからといって「自分のやりたい研究が東大でしかできないから」とプレゼンできる気もしません。どうすればいいでしょうか？

A ひょっとして質問者さんは、**心のどこかで「東大は無理なんじゃないか」と思っている**のではないでしょうか？

質問を要約すると、「叔父さんにちょっと反対されたから東大を目指すのはやめた方がいいですか？」ということになります。

受験費用や引っ越した先での仕送りのお金を出してくれる親御さんでもなければ、ずっと一緒に住んでいるお爺様とかお婆様でもない、「父方の叔父さん」に言われた程度のことで、「東大はやめた方がいいのかな」と心が揺れてしまっている、ということになりますが……、それは流石《さすが》にないんじゃないかと思うんです。

だって、「東大を目指そう」と思ってここまで頑張ってきたというのは、きちんと覚悟を持ってきたことの証拠に他なりません。「東大を目指して頑張っている」という時点で、すごくいろんなハードルを乗り越えてここまできたのは確実で、そんな質問者さんが、親戚にちょっと反対された程度のことで「諦めようかな」って思うわけがありません。

おそらく、3年生に上がって、「自分は東大に合格できるんだろうか？」と不安になってきてしまったのではないでしょうか。模試の結果もCだし、周りの東大志望も少ないし、みんなが行く名古屋大志望にしてもいいかも、と。そんなふうにちょっと考えていたところに、叔父さんが「東京を出ない方が……」と言ってきたのを聞いて、都合よくそれに乗っかっているだけなのではないでしょうか。

あなたが東大志望のままでいるのか、名古屋大志望に変えるのかは、あなたの人生なので、自分で決めるべきだと思います。

でも、1つだけやってはいけないことがあります。それは、「叔父さんが言うから、自分は名古屋大志望に変える」ということです。自分がそうしたいと思っていることを、「他人から言われたから」と言い訳して、「自分はそうしたくなかったのに」と被害者のような顔をするのはやめてください。

別に一言、言えばいいじゃないですか。「うるせえ」って。「自分は東京に出たいから東大に行くんだ。愛知から出たいんだ。自分の人生なんだから口出ししないでくれ」って。だって、あなたの人生なんだし。

あなたには、叔父さんに面と向かって「うるせえ」と言う権利があります。それなのにその権利を行使せず、叔父さんの言うことに従うのであれば、それはあなたがそう選んだだけです。環境にそうさせられたわけではありません。

滔々《とうとう》と語ってきましたが、あなたには、周りの大人に対して「自分はこうしたい」とぶつける勇気が備わっているはずだと思いますよ。でなかったら、ここまで東大志望なんて貫けていないと思います。

あなたは、あなたの勇気に気付いていないだけです。その勇気があれば東大だって行けるし、一人暮らしだって大丈夫です。もしその勇気がないんだったら、申し訳ないですけど、一人暮らししたってうまく行かないと思います。

だから、勇気を出して、行動してみてください。

一般受験の半年前に志望校を変えていいか

Q 筑波大学に行きたいんですが、ずっとD判定で、合格まで距離がある成績でした。親は「浪人は金銭的に難しいから、年内入試で地元の大学に行ってくれ」と言っています。最初は「それでもいいか」と考えていたのですが、**9月の模試でC判定が取れて、「このまま筑波を目指してもいいかも」と心が揺れています。**年内入試を受けてしまうと、合格したら地元の大学に行かなきゃなりません。もちろん仮面浪人するという手もありますが、それも回り道だと感じます。どうすればいいでしょうか。

［高校3年生　男子］

A 「行けそうだから筑波大学に行く」とお考えなのか、それとも「なんとしても筑波大学に行きたい」のか、どちらなのでしょうか。仮に**「模試の結果からす**

ると行けそうだから」くらいの甘い理由で進路を変えようとしているのであれば、モチベーションが続かなくなってしまうので、おとなしく地元の大学で妥協した方がいいでしょう。

そもそも、なぜ筑波大学に行こう、行きたいと思ったのでしょうか。筑波大学でないといけない理由があるのであれば、妥協できないはずで、「受かりそうだから年内入試で地元大学に」なんて甘ったれた考えは浮かばないでしょう。あなたには、筑波大学に行きたい気持ちはあるのでしょうが、それは「ネームバリューがある」とかの理由からではないでしょうか。あなたは「もっと上の大学を目指すべき」という考えに縛られているように見えます。

ですが、人間はいわゆる「べき論」では動けません。そもそも「上の大学に行くべき」なら、東京大学やハーバード大学を目指すべきでしょう。それが適当に妥協して筑波大学で止まっているのは、今の自分の実力と大学の難易度を見比べて、「ワンチャンありそうだから」ではありませんか。

そもそも受験勉強とは目標との距離を埋めるための運動であって、距離に応じて必要な勉強量を変えるんです。しかし、あなたはきっと、今の1日の自分の勉強量から逆算して志望大学を決めていますね。残念ですが、それは勉強とは言いません。まず目標を設定して、その距離から逆算される必要運動量を日割りして、日々の勉強量は決定すべきです。「今の自分のままで行けそうなところ」ばかり狙っていては、どこの大学も入れてくれませんよ。なぜならば、あなたの勉強法は目標との距離を考えずに闇雲に走っているだけだからです。

話を戻しますが、結局あなたが筑波大学に本当に行きたいと思っているのであれば、今からでもギリギリ間に合いますから、過去問を研究してこれから必要な勉強量を算出して、それを日割りして合格計画を立てるべきなのです。もちろん不合格のリスクはありますが、この世に100％の賭けはありませんから、そこにベットできないような自分の度胸のなさと努力不足へのふがいなさを嘆くべきなんです。

浪人のことなんて考えずに、とりあえず全力で突っ込む。判断材料は自分の努力量のみ。いま入試当日の自分を信じられない人が、どうして入試前日になっておじけづかないといえるでしょうか。結果が見えている勝負だけをして生きていきたいなら、そうすればいいんです。あなたは負けたくないから負けそうな勝負を避けているだけです。親の都合とかいろいろな理由をつけていますが、親御さんもあなたが確実に筑波大学と戦えると思っているなら、そんなことは言いませんよ。そんなに筑波大学が心残りであれば、**努力の量を増やして、背中で外野を黙らせてみてはいかがでしょうか。**

志望校を決める時期なのに行きたい大学がない

Q 高校2年生になりました。**そろそろ志望校を決めなさいと言われますが、どう決めればいいかわかりません。**別に行きたい大学なんてないし、やりたい研究もありません。どんなことを考えればいいでしょうか。

［高校2年生　男子］

A 志望校の決め方は基本的に「行きたいところ」を選ぶべきですが、全国に800近くある大学の中で「行きたいところ」をいきなり決めるのも難しいでしょう。となれば、**実際に通える大学をさまざまな条件から絞り込んで、そこから行きたい大学を決める方法が現実的です。**

例えば、国立大学か私立大学かは重要な問題です。さまざまな違いがありますが、お金でいうと国立大学の学費は年間53万5800円〜64万2960円なのに対して、私立大学の場合は90万円〜200万円以上と非常に高額になります。また、就職活動においても、地方部にいけばいくほど、私立大学出身者よりも国公立大学出身者の方が優秀に見られがちです。首都圏ならばいざ知らず、地方では「私立＝国立に行けなかった人がいくところ」という価値観が根付いています。

受験科目についても、国立の場合は基本的に5教科やることになりますが、私立の場合は3教科が多いです。ただ、教科数が少ないことは純粋にアドバンテージになるわけではありません。5教科の総合得点で合格を争う場合、1教科で転んでもほかの4教科でカバーすることが可能ですが、3教科だけの受験の場合、1教科当たりの比重が重くなるため、1つのミスが命取りになる可能性があります。また、早慶やMARCH、関関同立など上位私立大学文系学部の社会科目では、重箱の隅をつつくような細かすぎる知識を問う問題が出題されることもあり、事実上英語と国語で高得点を取らなくてはいけなくなっています。

逆に、私立の方が優れていることもあります。私立大学の方が学内の設備は充実しており、きれいであるケースが多いです。学生食堂やトイレ、生協の品ぞろえなどは私立大学の方が優れているでしょう。また、国立大学は立地が悪い場合も多く、多くが交通の便にすぐれている私立大学と比べると、ネックになるかもしれません。また、国立大学は首都近くに建設されている場合が多く、下宿先の相場が高くつくかもしれません。寮はもちろんあるでしょうが、国立大学の寮は老朽化している場合も少なくありません。また、受験倍率も国公立大学の方が高くなりやすい傾向にあります。場合によっては共通テストの結果を基に足切りが行われることもあり、総合的な能力を問われるといえるでしょう。

また、家から通うのか、下宿もありなのかも確認しなくてはいけません。下宿する場合には、どのあたりの地域に暮らすつもりなのか、生活の導線はどうなっているのか、家賃相場はどの程度か、最寄りの警察署や病院はどこかなど、確認すべき事項は増えます。それに、下宿すると毎月最低でも5万~15万程度は生活費として必要となるため、支出も増えるでしょう。おそらく親に払ってもらうことになるでしょうが、どこまで払ってもらえるのか、どこから自腹を切るのかなど金銭面の相談は厚く行うべきです。

このように、**国立／私立、家から通える範囲／下宿も視野に入れる、理系／文系など、自分の当てはまる項目をひとつひとつ確定させましょう。その条件をもとに検討してみると、せいぜい多くても30校程度までは絞れます。**そこまで来たら、一つ一つの大学を見て、行きたいところを考えてもいいのではないでしょうか。

志望校が決まらない、イメージできない

Q **目指す大学と学部が全然決まりません！　第一志望だけでなく、第二志望に関しても全然イメージできません。**どんな調べ方をしたらいいでしょうか？

［高校1年生　男子］

A この悩みに関しては、**「自分の学びたい教授のいる大学を探す」**という方法をおすすめしています。自分が行きたい学部の学問についての本を読んだり、自分の興味のある分野の論文を調べたりして、「この先生のもとで勉強したい」と思う教授を探してみる、ということです。

ぶっちゃけた話、「この大学に行きたい」と決めるのは難しいです。なぜなら、大学と

いうものについて、中学生や高校生ではまだ想像が及ばないからです。それはもう仕方がないことです。だってまだ大学に行っていないんですから。「自分がどの大学に行ったら幸せになれるのか？」なんてわかるわけがないのです。

でも、「この教授の授業を受けたら楽しそうだな」というのは、具体的で想像しやすいと思います。授業くらいであれば、きっと本や論文を読めば想像できますよね。教授や先生が話している動画なんかもネットにありますから、それを見れば「こんな先生がいるんだな」「この先生、話が面白いな」くらいのことはわかるはずです。

ということで、大学を選ぶ基準の1つとして「教授」を頭に入れておいてください。

文系と理系どちらがいいか

Q **文系に行こうか理系に行こうか迷っています！** どっちの成績も平均点くらいで、やりたいこともありません。そんな状態なのに、「早く選びなさい」と先生からせっつかれています。どうすればいいですか？

［高校1年生　男子］

A 文系か理系かという相談は、毎回答えに困ります。将来の職業選択や科目の好き嫌い、そういういろんな変数によって左右されてしまうものであり、「こっちがいいよ」と簡単には言えないからです。

なので、ちょっと変わり種の回答をします。ズバリ、**「文系と理系、どちらが楽しく感じるのか」**を探っていきましょう。

勉強が楽しい瞬間というのが、理系的な学びと文系的な学びで異なります。理系的な学びは「答えがハマる瞬間」が楽しく、文系的な学びは「答えを考える瞬間」が楽しいのです。

まずは理系から詳しく見ていきましょう。「答えがハマる瞬間」とは、パズルを楽しむような感覚です。

例えばナンプレを知っていますか？　タテ9マス×ヨコ9マスの正方形のマス目があって、それが3×3の小さな正方形に分かれています。小さな正方形の9マスに、それぞれ1から9までの数字が1つずつ入るように埋めていくというゲームです。このゲームは、「ここに3が入るんじゃないか」「こっちには8を入れれば成立するはず」とパズルを当てはめていって、全てが上手く行ったときに「楽しい」と感じられるというものです。

与えられた情報を組み立てていき、その結果として答えが1つに定まっていくのを楽しむのは、他のパズルでも言えることですね。ジグソーパズルでも、複数のピースを組み合わせて1つの絵を作りますが、やはり楽しいのは複数のバラバラなピースが1つの絵になっていく過程と、ジグソーパズルが完成したときの満ち足りた気分でしょう。

数学にも、同じような楽しさがあります。複数の情報を組み合わせて1つの答えが出たときに、満ち足りた気分になれるというものです。

例えば東大の入試問題でこんな問題が出題されたことがあります。

「3以上9999以下の奇数aで、a^2-aが10000で割り切れるものをすべて求めよ」

この問題、一見難しそうに見えますが、実はパズルのピースを整理して考えていくと答えが見えてきます。

そもそもa^2-aというのは、$(a-1)\times a$なので、隣り合う2つの数であることがわかります。aが301だったら$a-1$が300、という感じです。要はこういう「隣り合う2つの数」の積が10000で割り切れるものを求めるというだけです。そして、10000というのは分解すると、「$10000=10\times10\times10\times10=2\times2\times2\times2\times5\times5\times5\times5$」と、2を4回と5を4回掛け合わせた数だと言えるわけです。

ここまでで止まってしまうと答えが出ないのですが、「aが奇数」という問題文の情報を使うと答えが見えてきます。aは奇数で、その前の$a-1$は偶数になりますね。aは奇数、

$a-1$は偶数。その答えが2を4回と5を4回掛け合わせた数。ということは、偶数の$a-1$が「2を4回掛けた数＝16の倍数」で、奇数のaの方が「5を4回掛けた数＝625の倍数」だとわかるのです。625の倍数で奇数のものは、9999までで8個しかありませんから、この8個を確認していけば答えが出ます。そして答えは625だけになります。

このように、与えられた情報から1つの答えを出していく、「答えがハマる瞬間」が楽しい人は理系向きと言えるでしょう。

逆に文系の方は、答えが1つに定まらない問いに対して、様々な思考を巡《めぐ》らせて楽しむ傾向があります。

例を挙げれば、例えば日本は「礼儀作法」がとても重んじられる文化の国です。敬語をしっかりと使い、挨拶《あいさつ》をすることが求められます。いろんなマナーが存在していて、名刺の渡し方やお酒の注ぎ方・会議での座り順にタクシーやエレベーターの乗り位置など、覚えるべき礼儀作法はたくさんありますよね。

なぜ、こんなにいろんな礼儀作法があるのでしょうか？

答えを導くために、同じように礼儀作法の細かいルールがある国を思い出すと、イギリスや中国が思いつくと思います。これらの国と日本の共通点を考えれば答えが見えてくるのではないか、と考えることができます。

答えの1つとして考えられるのは立憲君主制であるということです。君主がいて、その力が強大であり、その君主に対して礼節を持って接さなければならないからこそ、敬語が生まれたりルールが生まれたりする、ということです。具体例を挙げましょう。古文の勉強をすると、敬語の中に「天皇や皇太子に対してのみ使う最高敬語」があるのに気付きます。このように、尊敬しなくてはいけない強大な存在があると、言葉や文化としてのマナーが生まれやすいと言えるでしょう。

他にも、イギリスと日本の共通点を考えると、島国であることもマナーを育てる要因だったと言えるのかもしれません。もちろん両国とも同一の民族で形成されているわけではありませんが、アメリカが人種のサラダボウルと言われていたり、ラテンアメリカではさまざまなルールが入り交じっていたりすることから考えると、かなり同質な人たちで作られた国だと言えます。

そうすると、人に対する「配慮」、そして「ハイコンテクストな文化」が育ちやすいと考えられるかもしれません。日本語を覚えたての外国人があまり敬語をうまく使えなかったとしても、みんな怒ったりすることはないでしょう。でも、日本人の後輩がタメ口で話しかけてきたら「おいおい」と言いたくなると思います。同じ文化的背景を共有する者同士の方が、人間はコミュニケーションを取るときに多くを求めると言えるのではないでしょうか。

だから、島国である日本とイギリスは、複雑な礼儀作法が求められる文化が育ったと言えるのではないでしょうか。

もちろん1つの定まった答えはありません。しかし、様々なことを考え、答えを出すために複数の物事をあれこれつなげて考えていく過程は、面白いと思いませんか？「こういう要因も考えられるかも」「こういう背景もあるのかな」と、知識を総動員して答えを探っていく過程ならではの楽しさが、文系にはあると思います。

理系は答えがピタッと出ることが楽しく、文系は答えが1つに定まらないからこそ楽しい。そんな対比があるのではないかと思うのです。

さて、質問者さんは、どちらがより楽しいと思いましたか？

どちらが自分の気質に合っているかを考えるのも、進路を選ぶ1つのヒントになります。

東大を目指すか、合格しやすいところで妥協するか

Q 自分は東大志望の高校3年生です。ずっと東大志望でやってきましたが、判定はDとEばかりで、今のままでは合格できなそうな気がして焦っています。最近、先生から「お前、東北大の総合型選抜を受けられるぞ」と言われました。評定がいいので、「AO入試II期」というものを受けられるそうです。そちらを出願すれば合格できる確率がかなり高いのですが、もし受かったら当然東北大に行かなければならず、東大は受験することができません。**東大を目指すか、東北大に逃げるか、すごく迷っています。**そこまで強い気持ちで東大を目指していたのかと言われると答えに困ってしまいますが、ここで諦めるのも何か違う気がしてしまっています。どうしたらいいでしょうか。

［高校3年生］

A これは最新の悩みですね。トップ層ならではの悩みであり、かつ昔だったら考えられなかった悩みだと思います。ぶっちゃけ僕が受験したときにはなかった悩みです。当時は総合型選抜入試がそこまで多くなかったから、まず「東北大に逃げる」っていう言い回しに時代の変化を感じつつ、この質問を聞きました。

確かに今の状況なら、東北大を選びたくなる気持ちもわかります。「目の前に2つのボタンがある。80％の確率で80万円もらえるボタンと、40％の確率で100万円もらえるボタン。どっちを押したい？」って聞かれているようなものですからね。期待値と確率論で語るなら、確実に東北大一択でしょう。

みんなあんまり言いませんけど、**一般受験で東大を受験するのって、愚かな選択だと思います**。文系だったら、他の大学と違って社会を2科目もやらなきゃならないから大変だし、理系だったら生涯賃金で考えるのであれば医学部に行っておいた方が高いかもしれない。そんな大変な賭けをしているんだから、みんな愚か者です。ここであなたが「東大を目指す」と言うのは、愚かな選択をすることだと思います。しかし、その選択をすることは誰にも否定できないし、僕も否定しません。

でも不思議ですよね。なぜかみんなそんな愚かな選択をするんです。浪人してでも東大に行きたくて5年も10年も浪人する人もいるし、30歳や40歳で「やっぱり東大に行きたい」と挑戦する人もいる。そこに合理性はありません。僕だって2浪して「この時間も、合格できなかったら無駄になるような時間なんだな」と思いながら勉強しました。

それでも、東大に合格したとき、僕は泣いたんですよね。嬉しかった。それはきっと、40％の確率で100万円がもらえたのが嬉しかったんじゃない。東大に合格できて、自分が決めた高い目標が達成できたから、成長できたから、自分を誇れるようになったから、嬉しかったんです。決して東大に合格したからじゃない。僕が東北大に行きたいと思っていたら同じように泣いていたんだろうし、スタンフォード大学に行きたいと思っていたら同じように喜んでいたと思います。そこには合理的な理由はない。ただ、自分が成長できたと感じられたことが、嬉しかった。それだけだったんですよね。

東北大に行くのは合理的な選択です。でも、合理的な選択だけが正しいわけじゃない、ということは覚えておいてください。**東大を目指して東大に落ちたとしても、その時間が無駄になるわけじゃない。そこには「何か」が残るはずです。**

第5章

もし受験に失敗してしまったら

「また不合格になったら」という不安に負けそう

Q 自分は今、絶賛浪人中です。**「また不合格になったらどうしよう」という不安に押しつぶされそう**で、最近スランプになってしまいました。怖くて、全然勉強できません。勉強しなければならないのはわかっているんですが、「どうせこの勉強も無駄になるのかな」と思うと、涙が出てきてしまいます。どうすればいいのでしょうか。

【浪人生　男子】

A 僕も浪人中にはずっと考えてたなあ、「どうせ俺は今年も落ちるんだろうな」って。やっぱり浪人すると、合格できるイメージが1ミリも湧かなくなって、「今やっている勉強には一切意味がないんじゃないか」「自分は愚かな選択をしているんじゃないか」って考えてしまいがちですよね。

そんな中で、ふと漫画を読んで、救われた気分になったことがありました。藤子・F・不二雄のSF短編で、「あのバカは荒野をめざす」という作品です。これは、おじさんになってホームレスのような暮らしをしている主人公が、27年前の過去に戻る話です。

27年前、主人公は裕福な家を出て、女中と駆け落ちをしようとしていました。主人公は27年前の過去に戻って、過去の自分に会って、その駆け落ちを止めようと奮闘します。今の自分は、その選択のせいで落ちぶれてしまったのだ、と。

でも若いときの主人公は止まりません。「僕はお前なんて認めない、僕は荒野を行くんだ！」と無理矢理その選択を突き進んでしまい、結局主人公は何も過去を変えることができず、現在に戻ってきます。

さて、この作品、どう終わると思いますか？　どんな結末になると思いますか？

現在に戻ってきた主人公は、こう思うんです。「あのときの自分は、燃えていたなあ。俺にもあんなときがあったんだ。今からでも何かやってみよう。俺だってまだまだこれからだ」と。

過去を変えられなかったけれど、過去から元気をもらって、未来を変えようとする力をもらって終わるんです。

今頑張っていることが無駄になるかもしれない、というのはとても恐ろしいことだと思います。でも、きっと無駄にはならないんです。今頑張ったら、未来の自分にもいい影響を与えられるはずだから。逆に、今頑張らないのは、過去の自分に対して、とても敬意のないことかもしれません。今まで頑張ってきた自分から、未来の自分は怒られてしまうかもしれません。

過去の自分から怒られないように、未来の自分に褒めてもらえるように、今を全力で生きること。これこそが、今のあなたに必要なことだと思います。頑張ってください！

第二志望への進学か浪人か

Q 第一志望の大学に落ちてしまいました。第二志望の大学には合格できたのですが、**浪人してもう1年勉強しようか、それともここで諦めようか、迷っています。**どちらにしたらいいと思いますか。

［高校3年生　男子］

A あなたは今、悲しいですか？　悔しいですか？

受験に落ちたときの反応って2つあるんですよ。悲しいという気持ちが湧いてくるときと、悔しいという気持ちが湧いてくるとき。悲しいっていうのは、シンプルに自分の不合格という不幸に対して涙を流している状態です。悔しいっていうのは、それを超えて、自分が不甲斐《ふがい》なくて、悲しさよりも「あのときああすればよかった」という後悔の方が勝っている状態です。

僕は、落ちて悲しいと思うときは諦めた方がいい、悔しいと思うときはもう一回だけやればいい、と考えます。悔しいってことは、その悔しさをバネに頑張れるはずで、もう一回挑戦したときには「あのとき、ああすればよかった」という反省をうまく活かすことができるでしょう。だから、悔しいと思うんだったら、再度挑戦すればいいんじゃないかと思います。逆に悲しいだけなんだったら、もう一回やろうという気力が足りないってことなので、一回英気を養ってもいいんじゃないでしょうか。別に大学受験だけが頑張る舞台ではありません。浪人しなくても、就活のときでも社会人になっても、また何か新しいことに挑戦することはできるはずなんで。

個人的には、諦め切れるなら、諦めたらいいと思います。諦めが付かなくて、諦めることを諦めた人間から言わせてもらうと、諦められるならそれが一番だと思います。やっぱり浪人って大変です。僕も2浪するとき、いろいろと悩みました。「もう一回やったって、ダメなんじゃないか?」って思ったら、なんとなくもう一回とは考えられなくて。

それでも東大をもう一回だけ目指す気になったのには、いろんな理由があるんですけど、きっかけは1つの「夢」だったんですよね。3月のある夜、寝ているときに妙に鮮明な夢を見たんです。その夢の中で僕は大学生をやっていました。東大じゃないどこかの大学で、普通にキャンパスライフを送っているんです。合格した大学に行ったんでしょうね。そこで、勉強もそこそこに、サークル活動をやったり、友達と遊んだりしていました。東大に行けなかったことなんて忘れて、結構楽しそうに遊んでいて。何の変哲もない大学生の1日って感じの夢だったんです。

でも、その夢の最後、大学の友達と別れて一人で家に帰る途中、僕は泣いてたんですよ。「ああ、俺、やっぱり東大行きたかったんだよなあ」って。「今、めっちゃ楽しいし、幸せだけど、でも俺は、それでも東大に行きたかったんだよなあ」って。

そこで夢が覚めたんです。起きたら自分はまだ2浪するかどうか悩んでいました。笑っちゃいましたよ、なんてピンポイントな夢なんだって。でも、「俺、これからどんなに幸せになっても、今のままだったらいつまでも東大に行きたかったと泣くんだな。諦めがついていないんだな。じゃあ、もう一回だけやってみるか」って気になったんです。

あなたは、東大を諦められなくて夢にまで出てきちゃいそうな人ですか？　それともそんな夢は見そうにないですか？

夢に見そうなくらい悔しいんだったら、仕方ないです。もう一回だけやってみましょう。今度は諦めが付くように。潔く諦められるように。悔しさをバネにして、もう一回だけ。それで受かるかどうかはわからないけれど、それでも、きっと最後に残っている「何か」、合格不合格を超えたものが何かしら、あるはずです。

「浪人したら来年はもっといい大学に行ける」と言われている

Q

浪人してでも、よりよい大学に行った方がいいと思いますか？　自分は試験の時期に病気になってしまい、第一志望の大学に行けませんでした。第二志望の大学には合格していて、ある程度納得はしているんですが、**学校の先生からありがたいことに「お前はもう1年頑張ったらもうちょっといい大学に行ける」と言ってもらいました。しかし自分ではいまいち実感が湧きません。**

［高校3年生　男子］

A

この相談については、浪人してまで東大を目指す選択肢を取った僕の友達、布施川天馬くんに聞いてみました。以下、布施川くんの回答です。

結局、自分が納得できる道を選ぶしかありません。

過去の後悔は何をしても取り返せないので、数年後に「あのとき浪人しておけばよかった」とか、逆に「あのとき浪人しなければよかった」とか、そういう後悔をなるべくしない道を選ぶべきでしょう。

ただ、その判断がつかないから尋ねられているのだと思います。

大学を判断する基準はいろいろありますが、例えば卒業者の平均生涯収入などがあげられます。労働政策研究・研修機構による『ユースフル労働統計２０２２』によれば、男性の平均生涯収入は中学卒で1億9千万円、高校卒で2億1千万円、高専・短大卒で2億1千万円、大学・大学院卒で2億6千万円。また、女性は中学卒で1億5千万円、高校卒で1億5千万円、高専・短大卒で1億7千万円、大学・大学院卒で2億1千万円とされます。

一方で、東京大学卒業者の平均生涯収入は、コンサルティング会社ＡＦＧの推計によれば、4億6126万円。2億円以上の差があります。つまり、仮にあなたの諦めた大学が東京大学であって、あなたが合格した大学が偏差値50程度の大学であれば、浪人してでも第一志望を目指した方がいいと言えるかもしれません。将来お金で苦労しにくくなりますから。

目安としては、東大京大で4・5億前後、早慶で4億～4・5億程度、GMARCH、関関同立で3・5億～4億程度と考えられます。大学のランクを1つ上げると500万程度の増収が見込めますから、お金の収支だけを考えるのであれば、浪人すべきです。

一方で、金銭以外に失うものも多々あります。例えば、浪人するとなったとき、その頃あなたの同級生は楽しく大学1年生を過ごしているわけです。SNSには楽しい大学生活、サークル活動の様子などが流れてくることでしょう。一方で、あなたは冷たく無機質な自習室で、黙々と受験勉強をするしかない。あなたが選んだ道なのですから、そこから逃げる選択肢はありません。結果が出るまで勉強を続けるだけが浪人生の生きがいです。もしかしたら、大学生になっていたら、運命的な出会いを果たしていたかもしれないし、偏差値が上の大学に行ったからといって人生が必ず好転すると約束されているわけでもない。偏差値が上だからすべてがいい大学と考えているのであれば、早計です。

結局、最初の議論に戻りますが、**あなたが本当に行きたいかどうか。そして、選ばなかった道に後悔しないかどうか。**ここが一番大事なのではないでしょうか。

ということで、かなりスパルタな回答でしたが、参考になりましたら幸いです。

第6章

受験生の保護者が悩んでいること

子供の勉強に親はどこまで干渉《かんしょう》していいか

Q 親として、どこまで子供に干渉していいか悩んでいます。「勉強しなさい」とどこまで言っていいのか、テストでもっといい点が取れるように指導していいものなのかどうか、悩んでいます。どこまでならいいというラインはあるのでしょうか。

【中学1年生の子を持つお母様】

A 僕は親になったことがないので、自分が親からどう育てられていたのかをお話ししたいと思います。

自分はあんまり出来のいい子供ではなくて、先生から叱《しか》られて帰ってくることもあったし、テストが0点だったこともあります。三者面談でずっと怒られていたことだってありました。中学時代のある日、あまりにも僕が勉強しないので、当時の担任の先生が母親を呼んで僕に3時間も説教したんですよ。「どうしてお前はそんなにダメなんだ」ってめちゃくちゃ怒られました。

でも、そのとき**母は何も言わなかった**んですよね。普通、そんな何時間も先生から怒られたら、「なんであんた勉強しないの、先生の言う通りでしょ！」とか怒ったりしますよね。でも、何も言わなかったんですよ。僕、それが超怖くて、聞いてみたんです。「なんで何も言わないのか」って。

そしたら何と返ってきたと思います？

「怒られてたのはあんたでしょ」って言うんですよ。「私が、なぜ息子さんをもっと勉強させないのか、って怒られていたわけじゃないでしょ。あんたが、あんたの責任で怒られた。それだけでしょ」って。

それが逆に怖かったんですよね。3時間怒られたことよりも、そっちの方が怖かった記憶があります。

そんな僕は、高校に上がってから一念発起して東大を目指し、3回東大受験をしましたが、毎年1月になると、母親は家の近くの神社にお参りに行くんですよ。しかも結構な金額を包んで、お祈りしているんです。申し訳ないと思った僕は「毎回、自分の合格を祈願してくれてありがとう」って言ったんですよ。

そしたら母親は「は？　あんたの合格なんて祈ったことは一度もないわよ」って言うんです。ええ!?　と驚いて、「じゃあ何を祈っているんだ」と聞いたら、「あんたが、試験会場まで無事に辿《たど》り着けるように」と言うんです。

「身体的な不調なく、風邪を引かず、雪で電車が止まったりせずに、試験会場まで無事に辿り着けるようにとは祈っているけど、合格不合格に関しては私は知らないわよ。あんたの人生でしょ。それこそ神様にだってそんなこと頼めないわよ」と。この母親には一生勝てないなあ、と思った記憶があります。

質問者さんの悩みにお答えするなら、干渉するのも、怒ったり叱ったりするのもOKだと思います。でも、**「結果」は子供だけのものにしてあげてください。**親が干渉しすぎると、親の受験になってしまう。勉強させなかったことは母親のせい、みたいになってしまう。部屋の掃除を親がしすぎると、大人になった頃には部屋の掃除が自分できない大人になってしまう、というジレンマがありますが、それと同じように、勉強でどんな結果だったとしても、子供自身に受け止めてもらう必要があるんじゃないでしょうか。それこそが、親が子供にしてあげられることだと思います。

受験生に親がしてあげられること

Q 浪人生の子供を持つ母親です。子供はちゃんと勉強しているのですが、今年合格できなかったらと思うと私もすごく不安です。**私が子供にしてあげられることは何かあるでしょうか？**

【浪人生男子の子供を持つお母様】

A **「笑顔でいること」**、これ以外にはないと思います。親がとにかく明るい状態でいることは、きっとプラスになるはずです。

例えば僕の場合、浪人中ってめっちゃ暗かったんですよね。浪人して合格するイメージがまったく湧かず、精神的に非常に落ち込んでいる僕に対して、母は朝になると勝手に部屋に入ってきて、カーテンを開けて窓を全開にして、「とにかく日光を浴びなさい」って言ってました。また、どんなに受験が近付いてきても、犬の散歩に駆り出されました。「僕は勉強しなきゃいけないんだけど……」と愚痴を言っても、「あんただって、家族として犬の世話くらいしなきゃダメでしょ」と怒るんですよ。

そうやって犬の散歩に一緒に行っても、僕の心はまったく晴れません。ため息をついたり、「もうダメだ」と口にしたりして、どんよりした空気で散歩していました。そんなときには、母に「うるさい」と叱られるのです。ちょっとでもネガティブなことを口にすると、「私まで気分が悪くなるから、そういうことを言うな」と。

そして、「今度そうやって後ろ向きなことを言ったら、その都度、お小遣い100円ずつ減らすからね」と言うのです。そして散歩中にネガティブなことを言うたびに、これみよがしに「あ、チャリンね」と言っていじってくるんですよ。

今思うと、ああやって親がポジティブに振る舞ってくれていたことが一番良かったと思います。母親が暗い顔をしていると、それが子供にも伝播《でんぱ》することだってあります。無理やりにでもポジティブに振る舞って、嫌がられてもいいからぐいぐい子供を外に連れ出すこと。これが一番じゃないでしょうか。

子供の進路に親はどこまで意見を言っていいか

Q 子供の進路相談って、どこまで親が口出ししていいんでしょうか。

子供から受験校に関して相談を受けて、「こういう大学がいいんじゃないか」「こんな学部だったらこんな勉強ができるよ」などと伝えたんですが、子供には「自分の大学選択を否定された」と感じられたらしく、最近あまり相談してくれなくなってしまいました。そんなつもりじゃなかったのですが、うるさく口を出しすぎてしまったのかもしれません。

【高校1年生女子の子供を持つお母様】

A これ、よくあるご相談です。子供が親に進路の相談をして、うまくいかないパターンはたくさんあって、いろんな人からアドバイスを求められます。悩んでいるのは質問者さんだけじゃないですよ。

はっきり言って、**10代の子供が親に相談すると、ほぼすべて「否定」されているように聞こえてしまう**んですよね。例えば、「親に進路のことを相談したら、反対された」と言ってくる子供って多くて、「うーん、君のところのお母さんってそんな人だったっけ？」と思ってお母さんと直接お話ししたら、「反対なんてしてませんよ、進路は子供が決めるべきだと思っています。でも、少し考えが甘いところがあったから、『もうちょっと考えたら？』とは言いましたけど」と言っていました。これはまあ、よくある「行き違い」ですね。親は軽く言ったつもりでも、子供は反対されたと感じた、と。

もう少し具体的に考えていくと、例えば子供が「〇〇大学を志望したいんだけど」と相談したとして、親としては子供の将来を心配して、「本当にそこでいいの？」「合格できるかどうかはどれくらいの確率なの？」「その大学に行って、将来はどういう道に進もうと思っているの？」などと聞きたくなるでしょう。

しかし、子供にはその質問のすべてが、「否定」のように聞こえてしまうんです。親としてはただ質問しているつもりでも、子供としては「その進路じゃダメなんじゃないの？」と言われているように感じてしまうのです。そりゃ、相談しにくくなりますよね。

我々は東大生の親の習慣も調べていますが、その結果、東大生の家庭には「進路に関しては絶対に否定しない」というルールがあることが多いということがわかりました。

どんなに親として受け入れがたい進路でも、まずは「良く考えたんだね」と言ってあげる。肯定した上で、「どうすればその道に行けるのか?」「その道に進むと仮定した上で、どうすればいいのか?」と、どうすればその進路を進めるのかを一緒に考えるのです。

もしその進路に進む上で問題があるのであれば、本人自身が気付けるように誘導してあげる。決して親の方から子供に「その道は無理なんじゃない?」とは言わず、子供が「ああ、これだと難しいから、こうした方がいいのか」と自分で気付けるように誘導してあげる。東大生の親御さんはそういう人が多いです。

質問に対するお答えとしては、**「相談」というよりも相手の報告を受け入れる気持ちで聞くのがいい**と思います。そして、詳細をもう少し詰めてもらうために報告に対して「質問」をするイメージですね。だから、一旦今は待ちましょう。そして、子供が報告してくれるタイミングが来たらそれを受け取りましょう。

子供のやる気がない

Q 子供が無気力で困っています。勉強をする気もない、部活やスポーツをやる気もない。「こんなことをやったら？」と私が言っても、全然やる気になってくれません。**子供のやる気を引き出すにはどうすればいいと思いますか？**

［中学1年生女子の子供を持つお母様］

A 僕が学生時代に何のやる気も起きなかったとき、母親に「あんた、これでもやってなさい」と言って渡されたものがあります。それは**「無限プチプチ」**という商品でした。緩衝材で「プチプチ」と呼ばれるものがありますが、あれを無限に潰すことができるというおもちゃです。あんな感じで、**簡単に爽快《そうかい》感や達成感が得られ**

るような、ちょっとしたことをやってもらうのも1つの手だと思います。

僕の周りには、**「卵割り」**をしていたという東大生もいました。家事の手伝いとして、「卵を割っておいてくれない?」と指示されていたというのです。卵を割るのって、ちょっと楽しいですよね。なんとなく爽快感があり、じんわり充足感が生まれると思います。リズミカルに卵を割っていく感覚は快楽的で、「1つのことを成し遂げた」ような気持ちになれるものです。その東大生は、卵を割るのが好きだったそうで、ちょっとしたタイミングで「卵割る?」と親御さんから言われていたのだそうです。

そして、その人の元気がなかったり、ちょっとやる気が出ないような日には、必ず「卵割る?」と親御さんから言われて、余るくらいたくさん卵を割っていたのだそうです。

「無気力な状態」というのは、頑張っても達成感がないときに発生するものです。やっていることに意味を感じられず、努力したくなくなってしまう……そういうのが「無気力」の原因です。だから、なんでもいいから「やった」という感覚の残るものをやってみるのがおすすめです。

別に勉強に限らず、「やった感」が肌で感じられるなら何でもいいと思います。部屋の掃除をして、部屋の角のゴミが溜まりやすいところを掃除してもらう、というのでもいいでしょう。風船をつまようじなどで割ってもいいでしょう。なんでもいいから、「やった」と思えるようなものをやると、次につながりやすいのです。

逆に、最近の子供に無気力な人が多い一因には、肌で何かを「やった」という感覚が薄れていることもあるでしょう。

外で遊んだり、何か実体のあるものに触れたりする経験が少ないから爽快感が得られず、何事にも「やっても意味がないんじゃないか」と感じてしまうんじゃないでしょうか。砂場で遊んで何かを作ったり、作ったものを壊したり。缶蹴りで缶を飛ばしたり、缶を潰したり。そういう経験がないと、無気力がどんどん蔓延《まんえん》していってしまうのかもしれません。

僕を含め、人間誰しも無気力になってしまうタイミングはあるものです。大人になっても、朝起きて「なんだかやる気が出ないな」とか「何もかもが億劫に感じる」という日もあるでしょう。

それでも、根気強くその無気力と向き合っていくことが大事なのかもしれませんね。

志望校は背伸びさせるべきか、身の丈に合ったものを選ぶべきか

Q **背伸びしてレベルの高い高校を目指させるのと、自分の身の丈に合った高校を目指させるのとでは、どちらがいいと思いますか？**

下の子が高校受験なのですが、上の子がレベルの高い高校に行って授業についていけなくなってきているのを見ると、志望校のレベルを下げて、その学校の中で優等生を目指すのもありなのかと思います。親としては、どちらをおすすめするべきなのでしょう。

［中学3年と高校2年のお子さんを持つお母様］

A いろんな考え方があるとは思います。無理してレベルの高い学校に行くと評定が低くなって総合型選抜入試で評価が下がってしまう、という話もありますから、

お母さんのお考えも間違っていないと思います。偏差値が高ければいい教育が受けられて、それ以外の学校だと教育の質が低い、ということもあんまりありませんからね。

でも、それでも僕は**背伸びした方がいい**と思うんですよね。いい高校に行ったり、いい大学に行ったりするメリットは、授業の質以外にもあります。それは、「周りの仲間の質」です。

例えば、いざ東大に入ってみると、「意欲格差」を実感させられます。名門高校から東大に入学した友人たちに「母校のどういう点が良かった?」と聞くと、決まって「周りの友達が良かった」と言います。「周りに尊敬できる友達がいて、東大を目指す仲間がいた。だから自分は東大に合格できたのだ」と。名門校の強みは、上質な教育だけではなく意欲的な学生が周囲にいるという環境にあるんだと思ったものです。

自分の母校を悪くは言いたくないですが、しかしあえて話をすると、「うちの学校は意欲が少ないな」と思ったときがありました。僕が高校2年生になって、成績が悪くて選抜クラスに入れなかったときのことです。僕は文系クラスのB組に入ることになったんですが、そこではみんなが「ここはBakaのB組だから。勉強なんてしなくていいよな」

と言っていたんです。そういう言説が広まっていると、勉強に対する意欲もそれ以外のやる気もどんどん減ってしまいます。

これと同じ現象はいろんな場所で発生していて、やっぱり受験で頑張って合格した生徒が多い学校では意欲的な言葉が飛び交っていて、そうではない学校だと停滞感が広まっていたりします。こればかりは、いくら学校の先生がどうにかしようとしても難しいんですよね。

だから、背伸びして、ワンランク上の学校を目指してもらってもいいんじゃないでしょうか。**背伸びした方がいい仲間が得られる**んじゃないかと思います。

おわりに

この「おわりに」を書いているのは、東大の合格発表がある3月10日です。

僕のところには、「先生、受かりました！」という連絡も、「先生、すいません、落ちました……」という連絡も、両方ともたくさん来ます。

本当に悲喜交々《こもごも》、さまざまな人生の1ページを目の当たりにするのが今日という日だったりします。

でも、合格したからといって人生薔薇《ばら》色というわけではないし、不合格になったからといって人生灰色というわけでもありません。1ヶ月も経てばどうせ、「あこがれの大学に合格したけど、忙しくて面倒くさくなってきた」とか、「第1志望に落ちて入学した第2志望で、すごく可愛い子と付き合うことになった」とか思うようになります。受験がどうなろうが人生は続くんです。

幸福も不幸も結局一瞬の幻想でしかない、一時の気の迷いでしかないのです。その一時の気の迷いと向き合って解決するために、みんな何年もかけて努力して、泣いたり笑ったりしている。それが受験だと思います。

どんな悩みがあっても、どんな困難があっても、どうせ人生は続きます。そしてその時に、悩みや困難とより真剣に向き合ってきた人の方が、より人生経験豊富な大人になっていくはずです。そういう大人になるために、この本が誰かの役に立ってくれれば、こんなにうれしいことはありません。ありがとうございました！

星海社新書
332

逆転《ぎゃくてん》合格《ごうかく》東大生《とうだいせい》の受験《じゅけん》お悩《なや》み相談《そうだん》

二〇二五年 四 月二一日 第 一 刷発行

著　者　西岡壱誠《にしおかいっせい》

発行者　太田克史《おおたかつし》
編集担当　片倉直弥《かたくらなおや》

発行所　株式会社星海社
〒一一二-〇〇一三
東京都文京区音羽一-一七-一四 音羽YKビル四階
電　話　〇三-六九〇二-一七三〇
FAX　〇三-六九〇二-一七三一
https://www.seikaisha.co.jp

発売元　株式会社講談社
〒一一二-八〇〇一
東京都文京区音羽二-一二-二一
(販 売) 〇三-五三九五-五八一七
(業 務) 〇三-五三九五-三六一五

印刷所　TOPPANクロレ株式会社
製本所　株式会社国宝社

アートディレクター　吉岡秀典《よしおかひでのり》（セプテンバーカウボーイ）
デザイナー　五十嵐《いがらし》ユミ
フォントディレクター　紺野慎一《こんのしんいち》
校　閲　鷗来堂《おうらいどう》

ISBN978-4-06-539316-1
Printed in Japan

332
SEIKAISHA
SHINSHO

254

東大生が教える
13歳からの学部選び

東大カルペ・ディエム
監修 西岡壱誠

リアルな大学の学びを総勢33人の現役東大生たちがお伝えします！

大学受験のために目指す学部を決めないといけない、でも学部の違いはよく分からない——こんな悩みを持つ中学生・高校生のみなさんは多いのではないでしょうか。現在、入試に際してますます具体的な志望理由が求められるようになる一方、大学でのリアルな学びについての情報発信はまだまだ足りません。そこで、あなたが好きなこと、やりたいことに基づいて、将来につながる進学をするための学部選びの教科書を作りました。この本では、総勢33人の現役東大生たちがそれぞれの学部で学んだことを分かりやすくレポートしていきます。本書をヒントに、ぜひ理想の大学進学を成功させてください！

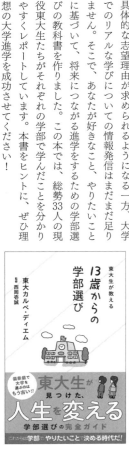

次世代による次世代のための

武器としての教養
星海社新書

星海社新書は、困難な時代にあっても前向きに自分の人生を切り開いていこうとする次世代の人間に向けて、ここに創刊いたします。本の力を思いきり信じて、みなさんと一緒に新しい時代の新しい価値観を創っていきたい。若い力で、世界を変えていきたいのです。

本には、その力があります。読者であるあなたが、そこから何かを読み取り、それを自らの血肉にすることができれば、一冊の本の存在によって、あなたの人生は一瞬にして変わってしまうでしょう。思考が変われば行動が変わり、行動が変われば生き方が変わります。著者をはじめ、本作りに関わる多くの人の想いがそのまま形となった、文化的遺伝子としての本には、大げさではなく、それだけの力が宿っていると思うのです。

沈下していく地盤の上で、他のみんなと一緒に身動きが取れないまま、大きな穴へと落ちていくのか？　それとも、重力に逆らって立ち上がり、前を向いて最前線で戦っていくことを選ぶのか？

星海社新書の目的は、戦うことを選んだ次世代の仲間たちに「武器としての教養」をくばることです。知的好奇心を満たすだけでなく、自らの力で未来を切り開いていくための〝武器〟としても使える知のかたちを、シリーズとしてまとめていきたいと思います。

2011年9月

星海社新書初代編集長　柿内芳文

SEIKAISHA SHINSHO